图书情报与信息管理实验教材

信息组织Ⅰ实验教材

AN EXPERIMENTAL INSTRUCTION TO INFORMATION ORGANIZATION Ⅰ

主　编　司　莉

参编者（按姓氏音序排列）

陈碧娟　陈红艳　陈欢欢　都 蓝　刘春弟　卢炎香　舒 欣　司 莉　孙 妮

WUHAN UNIVERSITY PRESS
武汉大学出版社

图书在版编目(CIP)数据

信息组织Ⅰ实验教材/司莉主编. —武汉：武汉大学出版社,2008.6
图书情报与信息管理实验教材
ISBN 978-7-307-06254-2

Ⅰ.信…　Ⅱ.司…　Ⅲ.分类法—高等学校—教材　Ⅳ.G254.1

中国版本图书馆 CIP 数据核字(2008)第 068557 号

责任编辑:柴　艺　　责任校对:黄添生　　版式设计:马　佳

出版发行：**武汉大学出版社**　(430072　武昌　珞珈山)
(电子邮件：wdp4@whu.edu.cn　网址：www.wdp.com.cn)
印刷：湖北科学技术出版社黄冈印刷厂
开本：720×1000　1/16　印张:7　字数:134 千字　插页:1
版次：2008 年 6 月第 1 版　2008 年 6 月第 1 次印刷
ISBN 978-7-307-06254-2/G·1093　定价:12.00 元

内容提要

本书系统介绍了文献分类法课程实习的主要内容，包括课程实习概述，《中图法》类目复分仿分方法，《中图法》（第四版）电子版的使用，《杜威十进分类法》网络版的使用，《美国国会图书馆分类法》网络版的使用，多主题、各类型文献的分类标引方法，网络信息分类法的调查分析，同类书书次号的编制，汇文图书馆集成管理系统中分编模块的操作，ILAS 图书馆集成管理系统中分编流程等。

本书是文献分类法课程教学的配套教材，是针对性、操作性强的实习指导教材，对于提高学生的分类标引能力以及信息的分析与处理能力，实现教学的立体化与提高教学水平具有指导作用。本书可作为高等学校图书馆学、情报学以及出版发行学等专业的实习教材和参考书，也可为各种图书情报学培训班及实践工作人员的实习、工作与研究提供参考。

前　言

“信息组织Ⅰ”（原课程名称：文献分类法）作为图书馆学专业核心课程，主要对信息组织的基本理论和基本方法进行系统阐述，并对具体的分类语言进行详细介绍，体现传授知识与培养学生科学精神、实践能力、创新能力相结合的教育观念。

《信息组织Ⅰ实验教材》是《文献分类学》一书的配套教材，两书内容相互衔接，相互补充，使所学理论与实践紧密结合。

本课程的实践性强，其教学目的和目标是使学生掌握“信息组织Ⅰ”的基本知识、基本理论和基本方法，提高开发和检索文献信息资源的能力，培养具有信息组织的基本知识、方法与技能，能够从事信息组织与检索、信息开发与利用的专门人才。提高学生的实际动手及创造能力是实现教学目标的关键因素。因此，必须注重教学实践，强化实验课与上机实习。所以我们编写了这本具有实验指导性质的教材，通过精心分析、设计一系列实验，旨在提高学生分析解决与处理各种实际问题的实践能力。

本书共10章。全书由司莉策划并拟定写作大纲。由司莉编写第1、2、3、4章；都蓝、陈欢欢编写第5章；司莉、陈碧娟编写第6章；舒欣编写第7章；陈红艳编写第8章；卢炎香编写第9章；刘春弟、孙妮编写第10章。全书由司莉统稿。书中难免会存在错误与不足，恳请专家、同行和读者批评与指正。

本书在编写过程中得到武汉大学信息管理学院领导、武汉大学出版社领导的支持与关心，策划编辑严红编审、责任编辑柴艺对于本书的出版付出了辛勤劳动，匡正了不少错误，在此特表示诚挚的谢意。

司　莉

2008年4月于武汉大学

目　录

1 信息组织I课程实验概述

信息组织Ⅰ课程应体现传授知识与培养学生科学精神、实践能力、创新能力相结合的教育观念。通过学习，学生可获得适应文献分类标引工作现实与发展需要的基础知识；具备文献标引能力、文献分类法的分析与修订能力以及对文献分类有关理论与实践问题的研究能力。课程的主要内容包括文献分类法的基本原理、体系分类法、分面分类法、网络信息分类法、《中国图书馆分类法》及其电子版、《杜威十进分类法》、《国际十进分类法》、《冒号分类法》等，以及各类型、各学科文献的分类标引方法，同类书区分及图书改编方法等。

作为一门实践性、应用性和技术性很强的课程，信息组织Ⅰ在教学方法和教学手段方面呈现出十分明显的时代与实践特征。据中国图书馆学会 2007 年相关调查显示，来自图书馆馆员与馆长对于图书馆专业核心课程的评选结果是，该课程被列为图书馆学核心课程首位。可见，该课程已得到实践部门的高度认可，是一门与培养学生应用能力直接相关的核心课程。目前，信息组织Ⅰ课程经过多年建设已搭建了一个立体化的实践教学平台，该平台由课堂教室分组实习、实验中心的电子版与网络信息资源分类实习、图书馆集成系统的采编模块实习体验、文献分类法课程实习室实习等组成，是一个多层次全方位的实习系统。

1.1 课程实验的总目的

课程实习的总目的是，通过实习，学生将所学理论知识与实践紧密结合，提高动手能力与操作能力，加强对授课内容的理解；学会使用《中国图书馆分类法》（以下简称《中图法》）印刷版与电子版，标引各类型、各学科主题的文献，熟练掌握《中图法》类目复分仿分的技术与要点、熟悉图书馆集成系统的分类流程与实际操作，学会对同类书进行区分的方法，编制分类索书号，并通过调查分析网络信息分类法的现状及存在问题，提出改进措施。

1.2 实验的准备知识与要求

1.2.1 知识准备

（1）《中图法》的编制原则、体系结构与标记系统、《中图法》的组配技术与复分表、类目复分仿分的要点、《中图法》电子版的系统界面、检索方法与检索功能、《美国国会图书馆分类法》Web 版的使用；

（2）网络信息分类系统的编制原理及其功能；

（3）书次号的含义与类型、书次号的编制与取号方法，主要掌握著者号的取号方法；

（4）图书馆集成管理系统中分类标引的实现过程，主要掌握深圳图书馆的图书馆自动化集成系统（ILAS）与汇文文献信息服务系统（Libsys）。

1.2.2 教学要求

（1）实验前认真阅读与熟练掌握有关章节内容，做好知识准备。

（2）针对实验内容与具体要求认真实习，学会基本操作技能，并完成实验作业。

（3）以学生自主完成实验为主，以教师辅导为次。

（4）认真撰写实验报告。

1.3 实验的主要内容

实验的主要内容包括《中图法》类目仿分复分的实验、《中图法》电子版的使用、网络信息分类系统的调查、各类型及各主题文献的标引方法、同类书书次号的编制，以及 ILAS、Libsys 中分编系统的操作等。主要包括 8 项实验，具体内容如下：

实验一：类目复分仿分实验

根据课程学习的难点，设计“类目复分与仿分”单元实习，以分组形式协同完成50道类目复分仿分的习题，并由教师在课堂上讲解与演示并回答学生提问。

实验二：《中图法》电子版的使用

利用学院实验中心的教学实习系统，以《中图法》为实习标引工具，完成一定数量的标引习题，熟练掌握电子版的各种功能与检索方法以及“电子版”使用本的建立方法。

实验三：《杜威十进分类法》网络版（WebDewey）的使用

利用《杜威十进分类法》网络版教学资料（Tutorial），熟练掌握其检索方法、浏览方法以及用户注释的建立方法。

实验四：《美国国会图书馆分类法》网络版（Classification Web）的使用

利用《美国国会图书馆分类法》网络版教学资料（Tutorial），熟练掌握其检索方法与浏览方法。

实验五：多主题、各类型文献的分类标引方法实验利用文献分类法课程实验室，对所储备的丰富的实验资料进行标引，完成文献的主题分析、确定主题、进行归类、给定类号等主要分类程序。进一步巩固所学的理论知识，将其用于标引的实践之中，提高学生标引技能。

实验六：网络信息分类法的调查与分析

加深对网络信息分类法的理解，调查分析国内外主要网络信息分类系统的现状，为网络信息分类法的编制与当前系统的改进提供直接依据。

实验七：同类书书次号的编制

利用《通用汉语著者号码表》给定著者号。

实验八：图书馆集成系统的采编模块的操作流程

利用"图书馆、情报、档案与出版技术集成实验室"配置的图书馆集成系统，如 ILAS 与 Libsys 等，完成文献的查重、标引、给定书次号等程序，体验实际的标引工作。

1.4　课时安排

共 24 学时，每项实验内容需要用 3 学时。

1.5　实验所需的材料

实验所用的材料及工具主要有：《中图法》、《中图法》电子版、图书馆集成管理系统（分编系统）、《杜威十进分类法》网络版、《美国国会图书馆分类法》网络版、《通用汉语著者号码表》以及若干供标引实验用的图书资料。

1.6　实验成绩与考核

（1）每完成一次实验，要求每一位学生按时提交作业。

（2）考核内容：第一，是否按实验要求认真地进行了实验；第二，是否达到了预期的效果；第三，学生的态度是否认真。

（3）考核方式与评分标准：实验态度和纪律占 20%；实验内容和效果占 80%。各类实验课成绩占课程成绩的 45%。

2 《中图法》类目复分仿分方法

类目的复分与仿分是《中图法》类号的合成技术，具体指依通用复分表分、依专类复分表分、类目仿分以及主类号的组配等4种技术。类目复分与仿分是本课程学习的难点，也是学习的重点。

2.1 实验目的及要求

(1) 掌握《中图法》通用复分表结构及使用要点。

(2) 掌握专类复分表的要点。

(3) 掌握类目仿分的要点。

2.2 实验内容

(1) 使用《中图法》进行类目复分练习。

(2) 使用《中图法》进行类目仿分练习。

2.3 实验操作指导

本实验包括以下3部分:《中图法》通用复分表的使用、专类复分表的使用以及类目仿分。

2.3.1 《中图法》的通用复分表

通用复分表主要对主表类目起复分作用，不能单独使用，必须与主类号进行组配。《中图法》编有8个通用复分表，分别是：总论复分表、世界地区表、中国地区表、国际时代表、中国时代表、世界种族与民族表、中国民族表以及通用时间、地点表。

(1) 总论复分表的使用。

①使用本表时，将所用的复分号（连同“-”）直接加在主表分类号码后即可。例如:《心理学百科全书》的号码标引为B84-61。

②在主表中已列有专类者，或主表中某些类目具有该表的内容，不再使用本表的相应类目复分。

主表类目			总论复分表类目	
			-0/--794	一、总论复分表
H319	语文教学		-4	教育与普及
…	…		…	…
H319. 2	教学计划、教学大纲	→	-41	教学计划、教学大纲、课程
H319. 3	教学法	→	-42	教学法、教学参考书
…	…		…	…
H319. 6	习题、试题	→	-44	习题、试题及题解

标引《大学英语教学法》一书，其类号为 H319. 3，主表类目中已列有专类，故不能标引为 H31-42，即不能使用总论复分表的“-42 教学法、教学参考书”复分。

N 自然科学总论		总论复分表	
N	**自然科学总论**	**-0/--794**	**一、总论复分表**
N0	自然科学理论与方法论	-0	理论与方法论
N1	自然科学现状及发展	-1	现状及发展
N2	自然科学机构、团体、会议	-2	机构、团体、会议
N3	自然科学研究方法	-3	研究方法、工作方法
N4	自然科学教育与普及	-4	教育与普及
N5	自然科学丛书、文集、连续性出版物	-5	丛书、文集、连续出版物
N6	自然科学参考工具书	-6	参考工具书
N61	名词术语、辞典、百科全书	-61	名词术语、词典、百科全书(类书)
…	…	[-7]	文献检索工具
[N7]	自然科学文献检索工具		

社会科学总论类中的“C0/7”、自然科学总论类中的“N0/7”是依据总论复分表编列的类目，不使用总论复分表的类目复分。如标引《自然科学词典》一书，其类号为 N61，不能使用总论复分表的“-61”进行复分。

③具有本复分表中两种以上形式特征的文献，只可选择其中主要的一种加以复分，不能在同一个类号中同时使用两个总论复分表的号码。

如《经济学研究方法论文集》一书，既涉及研究方法“-3”，又涉及论文集“-53”两种形式特征，只能选取主要的一种即“-3 研究方法”加以标引，即关于经济学研究方法的论文集。该书的类号标引为 F0-03。

④本表适用于任何一级类目。

（2）世界地区表的使用。

①凡主表或总论复分表中已注明“依世界地区表分”的，均用本表复分。

组号方法是将复分号加在主类号之后。

G649　世界各国高等教育概况

G649.3/.7　各国

依世界地区表分，再仿 G649.2 分。

标引《美国高等教育概况》一书，其类号为 G649.712。

②凡主表中未注明“依世界地区表分”，但需要用本表复分时，地区号码须加国家地区区分标识“( )”。

S682.2　球根花卉类

S682.2⁺63 郁金香

标引《加拿大郁金香种植》，其类号为 S682.263（711），因为 S682.263 类下没有注明“依世界地区表分”，所以要将“加拿大”的类号“711”用“（）”括起来。

③凡使用本表中“洲”、“地区”概括性地区号码复分后，还需要再依其他标准进行细分的，必须在概括性地区号码后加“0”，再进行复分，以便该地区所属的国家号码区别开来。如要标引《西欧小说选》，先查阅类目“I3/7 各国文学”，见以下类目表，依世界地区表分，西欧的类号为“56”，先加“0”，再依专类复分表分，取小说类号“4”。

I3/7　各国文学

依世界地区表分，再依下表分。

…	…
2	诗歌
3	戏剧文学
4	小说
5	报告文学
…	…

56	西欧
561	英国
562	爱尔兰
563	荷兰
564	比利时
…	…

世界地区表中西欧类目

标引的类号为 I560.4，若不加“0”，类号为 I564，代表比利时文学，易产生异书同号现象。因为“56 西欧”这个上位类号码下，已划分出包含的国家，采用的是层累制，表现在“56”后面已加上一位数字，若对“56”再依据其他标准进行细分，也就是要在“56”后面再加上一位数字，这样产生出来的新类必然会与已划分出的国家类目相冲突，所以要加“0”，保证新产生出来的类的逻辑性与系统性。

（3）中国地区表的使用。

①凡主表、专类复分表与总论复分表中注明“依中国地区表分”的，均用本表复分，即将本表的号码加于主表分类号码之后即可。如标引《甘肃省名胜古迹》，先查阅类目 K928.70，见以下类目表，依中国地区表分，查得甘肃省的号码为“42”。

K928.7　名胜古迹
K928.70　　各地名胜古迹汇编
　　　　　　依中国地区表分。

标引的结果为 K928.704.2。

②凡主表、专类复分表、总论复分表中未注明“依中国地区表分”，而需用本表复分时，中国地区号码前需先加中国地区号“2”，并用国家地区区分标识“（ ）”括起，加在主类号后。

例如：标引《武汉地铁工程设计》，先查阅类目 U231，见以下类目表。

U231　地下铁路
U231⁺.1　地铁勘测设计
U231⁺.2　地铁线路
U231⁺.3　地铁施工、改建与扩建
…　…

U231 类下没有注明“依中国地区表分”，但需要揭示“武汉”这一地区特征，查阅中国地区表，表中湖北省的类号为“63”，再依本表中的专类复分表对各省、自治区及直辖市类目作细分：

1/75（类目复分仿分规定）
　以下中央直辖市、省、自治区，可依下表分。

1	省（自治区）人民政府所在地
2	各专区、自治州、盟
3	中央直辖市属各区、各市
4	各县、县级市
5	各乡

武汉是省（自治区）人民政府所在地，所以取号为“1”，因此，标引的结果为U231（263.1）。

③在本表所列的中国各地区，如再采用其他标准细分时，则必须在地区号码后加“0”，以便与本地区所属的省、市、县区别开来。例如：标引《华东地区的乡镇企业经济》，先查阅类目F279.27，见以下类目表。

F279.2 中国
F279.27 地方企业经济
依中国地区表分。

查阅中国地区表，表中华东地区的类号为“5”，再依本表中的专类复分表对各省、自治区及直辖市类目作细分。华东地区已采用层累制列举其包含的各省、直辖市的类目（见下表），再依专类复分表分时，要先加“0”，以便与本地区所属的省、市、县区别开来。

5	华东地区
51	上海市
52	山东省
53	江苏省
54	安徽省
55	浙江省
…	…

中国地区表中华东地区及其所包含各省类目及类号

对华东地区“5”进一步细分即是在“5”后再加上一位数字可见对“5”细分后产生的类目与已建立起的华东地区各省的号码冲突，所以要先加“0”，再细分。标引的结果为F279.275.05，若不加“0”，类号为F279.275.5，代表浙江省企业经济，异书同号。

（4）国际时代表、中国时代表的使用。

①凡主表中已注明"依国际时代表分"或"依中国时代表分"时，可直接使用该表进行复分，组号方法是直接将有关复分号加在主类号后。

例如：标引《世界现代经济史》一书，先查阅世界经济史的类号为F119，见以下类目表。

F11 世界经济、国际经济关系

F119 世界经济史

依国际时代表分。

再按注释在国际时代表中查阅"现代"的类号为"5"，加在主类号后即可，标引结果为F119.5。

②凡类目表中未注明依时代表分，需要依本表复分时，须在复分号码前加上时代区分号"="。

例如：标引《现代水利工程施工技术》，查阅类目表中水利工程施工的类号为TV5。

TV5 水利工程施工

一般水利工程施工技术入此。

TV51 施工计划和管理

TV52 施工技术

TV53 施工机械与设备

… …

在TV5类下未注明依时代表分，所以要在"现代"的类号"5"之前用时代区分号"="区分。标引结果为TV5=5。

③若类表中已有具时代含义的类目，则不能再使用该表揭示时代特征。从以下类目可以看出，其已具有了明确的时代含义。

J292.2 碑帖、书法作品：按时代分

J292.22 秦、汉书法

J292.23 魏、晋、南北朝书法

J292.24 隋、唐书法

J292.25 宋、元书法

J292.26 明、清书法

… …

标引《宋元书法》一书，其类号为 J292.25。不能采用中国时代表中宋元的类号复分。

(5) 世界种族与民族表、中国民族表的使用。

①凡主表注明“依世界种族与民族表分”或“依中国民族表分”时，可直接使用本表复分，组号方法是将有关复分号加在主类号之后。

标引《爱斯基摩人民族心理》，首先查得民族心理的类号为 C955，再依世界种族与民族表分，爱斯基摩人的类号为“712.5”。

C95 民族学
C955 民族性、民族心理
依世界种族与民族表分。

标引结果为 C955.712.5。

②若主表中未注明“依世界种族与民族表分”，需依本表复分的，将有关复分号用民族区分号“”括起，加在主类号之后。

③若主表中未注明“依中国民族表分”，需依该表复分的，须先在民族复分号前加中国代号“2”，再用民族区分号“”括起，加在主类号之后。

例如：标引《白族扎染艺术》，查阅类表“印染”的类号为 J523.2，其类号下未注明“依中国民族表分”，白族在中国地区表中的类号为“52”。要在此类号前加上中国的代号“2”。标引的结果为 J523.2“252”

J523 织染、服装、刺绣工艺美术
J523.2 印染

(6) 通用时间、地点表的使用。

主表类目中凡需要按该表复分的，均可使用本表，方法是将该表的复分号码用“< >”括起，加在主类号后。

2.3.2 《中图法》的专类复分表

(1) 专类复分表的形式。专类复分表的标记符号采用阿拉伯数字，自然科学的专类复分号前一律冠“0”，专类复分表的两侧用竖线标记，以示醒目。例如，G82/89 专类复分表就是供各项体育运动类目进一步细分使用的。

G82/89 各项体育运动

均可依下表分。

1 理论、方法
14 体育运动基础科学
19 基本技术、基本战术
2 教学、训练
3 科学研究
4 规则、裁判
5 场地器材设备
6 体育组织
7 运动会、运动比赛
… …

下表则是自然科学的专类复分表的例子，其号码前均冠“0”。

S5/59 各种农作物

均可依下表分，例：水稻遗传育种为S511.032。

01 生物学原理
019 地理分布和区划
02 品种与种质资源（品种资源）
021 起源与演变
022 引种和驯化
023 品种分类
024 种质资源（品种资源）
029 品种志、品种目录
03 遗传育种和良种繁育
… …

（2）利用专类复分表时应注意的问题。

①按规定的范围使用：只限在注释规定的范围内使用。

②按规定的次序使用：严格按注释规定的复分次序复分。

③注意复分中的加“0”问题。

主表中社会科学各类，凡属上位类依专类复分表复分的，应在复分子目号码前面加“0”。本规定仅限于严格采用层累制编号的类目。如要标引《中国石刻文物目录》，首先在类表中查到石刻的类号为“K877.4”，见以下类目表。

K877.2　金石文
K877.4　石刻
K877.41　　石鼓
K877.42　　碑碣（碑文）
K877.43　　石经
…　　　…

再依 K87/879.49 专类复分表分。由于石刻是上位类，下位类严格采用层累制，所以要在复分子目“1”前加“0”，标引结果为 K877.401。若不加“0”，取类号 K877.41，是石鼓的类号，则出现异书同号。

K87/879.49（类目复分仿分规定）
如有必要均可依下表分。

1　文物目录
2　文物图录
3　文字、铭刻
4　题跋、考订、研究
…　…

但上位类若展开下位类时，没有采用层累制，在依专类复分表复分时，复分子目号码前面不加“0”。如要标引《中国金石文目录》，首先在类表中查到金石文的类号为“K877.2”，其下位类为“K877.3 金文”、“K877.4 石刻”，见以下类目。

K877.2　金石文
K877.3　　金文
K877.4　　石刻

可见金石文的下位类采用借上级类类号的方式展开，故不需加“0”。标引的结果为 K877.21（“1”为专类复分表中文物目录的号码）。

2.3.3 《中图法》的类目仿分

（1）类目仿分的形式。

①仿邻近类目分。这是指一组相邻的类目以相同的分类标准展开时，一般将在前的一个类目详细展开，后面的类目不再展开列举，而是依照已展开的子目细分的形式，见以下两组类目，在 K82 下详细展开，“K833/837 各国人物传记”仿中国人物传记分。

K81 传记
K82 中国人物传记
K82-6 参考工具书
K820 人物总传：按时代分
K820.8 人物总传：按地区分
K820.9 氏族谱系
K825 人物传记：按学科分

K833/837 各国人物传记
依世界地区表分，再仿 K82 分。

②仿总论性类目分。专论性类目仿照总论性类目的划分标准细分，称为仿总论性类目分。《中图法》的总论性类目一般用“一般性问题”、“理论”、“通论”、“世界”等方式编列。见以下两组类目，在“K20 中国通史”下详细展开子目，“K21/27 中国各代史”均可仿 K20 分。

K2 中国史
K20 通史
K201 革命史
K203 文化史
K204 古代史籍
K205 历史事件
K206 史料
K207 研究、考订、评论
… …

K21/27　中国各代史

均可仿 K20 分，仿分时一律冠“0”。

(2) 类目仿分的要点。

①按规定的范围使用：只限在注释规定的范围内使用。

②按规定的次序使用：严格按注释规定的复分次序复分。

③注意配号的转换。当被仿分的用“/”号连接，且采用借号编号时，部分类目将涉及配号的转换问题。例如：

K811　世界人物传记

K815　人物总传：按学科分

仿 K825.1/828 分。

K825　人物传记：按学科分

K825.1　哲学、社会科学

K825.19 法律 ——借下级类类号

K825.2　军事

K825.3　经济

K825.4　文化、教育、体育

K825.5　语言、文字

K825.6　文学

K825.7　艺术

K825.8　历史、地理

K826.1　自然科学、工程技术

K826.2　医学、卫生 ——借同级类类号

K826.3　农业、林业、畜牧业、渔业

K827　社会政治人物

K828　社会各界人物 ——借上级类类号

即 K815 在展开子目时采用与 K825.1/828 相同的标准和方法。标引《世界农业科学家传》，仿照 K825.1/828，中国农业科学家传的类号为 K826.3，借用 K826 的下位类 K826.3，标引世界农业科学家传时，也要借号 K816 的下位类

K816.3，标引结果为K816.3。

④注意越级仿分的问题。在标引工作中，根据文献实际论述的主题不需要按类目注释要求依次进行仿分（即文献中没有论述要按注释要求依次仿分的主题），当跨越规定的某一层次，再继续依其他标准复分或仿分时，须在该复分号或仿分号前加“0”，以保证类目展开的逻辑次序。

E27 各种武装力量（各军、兵种）

E270/277 各军兵种

均可依下表分，E271/277先仿E270分，再依下表分。

1	司令部工作
18	政治工作
19	后方勤务
2	条令
3	教育、训练
4	战术
41	进攻与防御
43	特种战术
…	…

E27	各种武装力量（各军、兵种）
E271	陆军
E271.1	步兵
E271.2	骑兵
E271.3	坦克兵、装甲兵
E271.4	炮兵

E270	合成军
E270.1	方面军、集团军
E270.2	军
E270.3	师、旅
E270.4	团
E270.5	营
E270.6	连
…	…

标引《中国步兵连的进攻与防御》，查阅类表中国步兵的类号为“E271.1”，再仿E270分，取连的号码“6”，再依专类复分表分，进攻与防御的类号为“41”。标引结果为E271.164.1。

标引《中国步兵的战斗保障》，已查得中国步兵的类号为“E271.1”，文献没有论述E270类的内容，即越级E270，所以要在加专类复分表战斗保障的子目“6”前加“0”。标引结果为E271.106。不加“0”，则为E E271.16，指的是中国步兵连。

标引《中国陆军战术》，查阅类表中国陆军的类号为“E271”，是上位类，其下位采用层累制列举方式，而文献中也没有论述 E270 类的内容，即越级 E270，需要在复分号前加上两个“0”，标引的结果为 E271.004。若只加一个“0”，E271.04 指的是中国陆军团。

⑤ 仿“一般性问题分”。主表中的类目凡仿“一般性问题分”时，一般要在仿分号前加“0”。

TM3　电机
TM30　一般性问题
TM301　电机原理
TM302　电机设计、制图
TM303　电机结构及部件
[TM304]电机材料
TM305　电机制造工艺及设备
…　…

TM31/38　各种电机
可仿 TM30 分。
TM31　发电机、大型发电机组（总论）
TM32　电动机（总论）
TM33　直流电机
TM34　交流电机
…　…

标引《交流电机原理》，查阅类表交流电机的类号为“TM34”，仿 TM30 分，取原理的号码“1”，在该号码前加“0”，标引结果为 TM340.1。

一般性问题在以下两种情况下不加“0”：

第一，如果是“一般性问题”仿“一般性问题”分（实际就是邻近类目仿分），不加“0”。

TG25　铸铁件铸造
TG250　一般性问题
TG250.1　铸造理论
TG250.2　熔炼
TG250.3　浇注
TG250.6　铸件的缺陷原因及缺陷预防
…　…

TG26　钢件铸造
TG260　一般性问题
仿 TG250 分。

钢件铸造类目 TG260 为“一般性问题”，其注释“仿 TG250 分”，TG250 为铸铁件铸造的“一般性问题”类目，所以是一个“一般性问题”仿“一般性问题”分的仿分类型，相当于邻近类目仿分，不加“0”。

标引《钢件铸造的浇注》，直接在 TG260 后面加上仿分子目“3”即可，标引的结果为 TG260.3。

第二，类目表中有关类目仿“一般性问题”所属子目分时，不加“0”，直接将仿分号码加在有关类目之后。

TS192 练漂

TS192.7 各种纤维及其制品的练漂

仿 TS190.6 分。→

TS190 一般性问题

TS190.6 各种纤维及其制品的染整

TS190.62 散纤维、纤维条及纤维卷的染整

TS190.63 纱线染整

TS190.64 机织物染整

TS190.65 针织物染整

… …

TS190.6 是 TS190 一般性问题的子目，TS192.7 仿 TS190.6 分，是仿一般性问题的子目分，而不是仿“TS190 一般性问题”整个类目分，不加“0”。标引《针织物练漂》，直接在 TS192.7 后面加上仿分子目号“5”，标引结果为 TS192.75。

⑥复分依据的转换。某些类目凡属各国仿中国分，又涉及时代属性的，应同时将“依中国时代表分”改换成“依国际时代表分”。见以下两组类目：

K833/837 各国人物传记

依世界地区表分，再仿 K82 分。

K825 人物传记：按学科分

K825.1/828 （特殊分类规定）

如有必要，可依中国时代表分，并用“=”加以标示。

如标引《纵横捭阖：基辛格传》，在“K833/837 各国人物传”下，依世界地区表分，美国的类号为“712”，美国人物传记为 K837.12，再仿 K82 分入政治人物传，标引结果为 K837.127，需要依国际时代表分，取号为“6”。标引结果为 K837.127 =6。

本章习题

（1）象形拳动作图解

（2）自由体操运动器材

(3) 中国民族器乐教学法
(4) 古筝教学法
(5) 汽车变速器设计
(6) 南极考察资料汇编
(7) 斯皮尔伯格：一个新好莱坞电影人的传奇
(8) 德伯家的苔丝（法）哈代著
(9) 泰戈尔的诗（印度）泰戈尔著
(10) 唐诗三百首
(11) 21 世纪美国高等教育政策
(12) 德国巴伐利亚州教育制度
(13) 音乐辞典
(14) 汉语大辞典
(15) 自然科学百科全书
(16) 中国古代工艺美术史
(17) 基辛格传
(18) 切碎机制造标准
(19) 三国历史事件
(20) 魏史料
(21) 中国石刻目录
(22) 中国碑文
(23) 石窟寺调查发掘报告
(24) 麦积山石窟
(25) 世界电子科学发明家传
(26) 世界电影大师传
(27) 中国炮兵连的战斗保障
(28) 中国炮兵战斗保障
(29) 中国炮兵连
(30) 中国空军战斗保障
(31) 中国陆军战史
(32) 中国陆军单兵
(33) 中国武警连队的思想建设
(34) 电子数字计算机基本电路性能分析
(35) 电子数字计算机逻辑电路的性能分析
(36) 变流器的维护
(37) 汉剧表演艺术

(38) 地方剧导演艺术
(39) 京剧艺术
(40) 朝鲜报告文学
(41) 北朝鲜文学
(42) 西欧诗歌评论
(43) 北美现代文学史
(44) 石雕塑像
(45) 钢筋混凝土斜拉桥
(46) 气体燃料内燃机点火系统
(47) 气体燃料内燃机润滑系统
(48) 四川少数民族
(49) 世界现代政治人物传
(50) 日本经济

3 《中图法》（第四版）电子版的使用

《中图法》电子版是在《中图法》（第四版）机读数据库基础上，由《中图法》编委会和北京丹诚软件有限责任公司共同开发研制而成的一部利用计算机技术实现多功能检索和多窗口显示的电子分类法，已于2001年6月由北京图书馆出版社正式出版发行。它标志着我国文献分类法的研究与应用进入了一个崭新的阶段。其主要特点是：完整的数据格式，方便的浏览功能，完备的检索与统计功能，通用的编目接口，实用的评注功能，各种方便用户的措施，为主题检索留有余地。

3.1 实验目的及要求

（1）了解《中图法》电子版的功能与特点。

（2）通过上机操作练习，学生能熟练掌握《中图法》电子版系统界面的各种操作，如菜单栏、工具栏、类目树框、检索栏、详细窗的操作方法；学会使用电子版窗口调整与切换功能。

（3）掌握电子版的检索方法与检索途径。

3.2 实验内容

（1）上机操作，熟练掌握电子版的操作方法；

（2）使用电子版标引文献。

3.3 实验操作指导

本实验包括以下几个部分：《中图法》电子版系统界面、检索方式、检索方法、使用电子版建立使用本、使用电子版进行标引以及《中图法》Web版的开发。

3.3.1 电子版系统界面

图3-1呈现的是在查看菜单栏中选中“平面布局”后显示的系统界面。

（1）检索栏。检索栏包括检索项输入域、检索途径下拉列表、匹配方式下拉列表、打开结果集按钮、检索按钮、高级检索按钮和停止按钮，见图3-2。

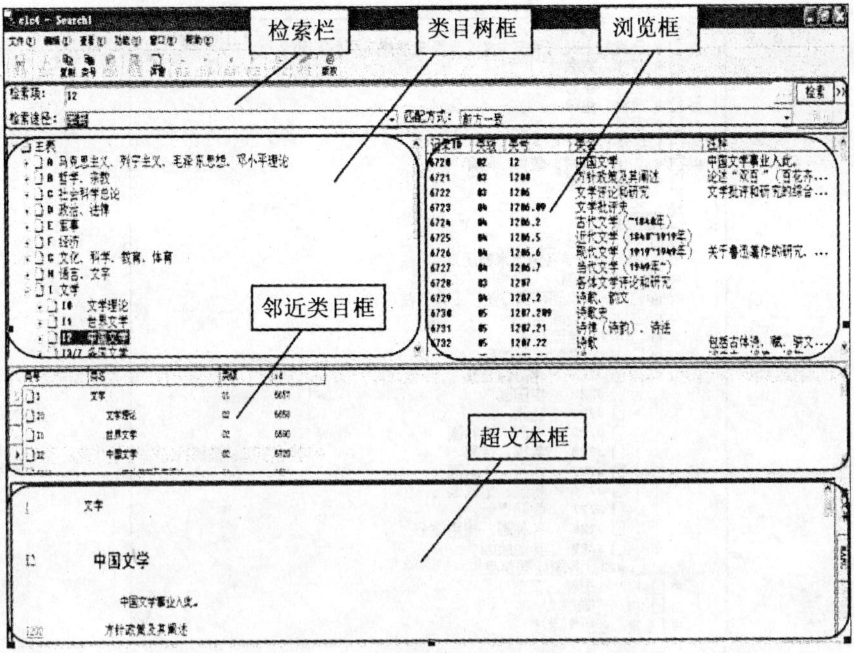

图 3-1

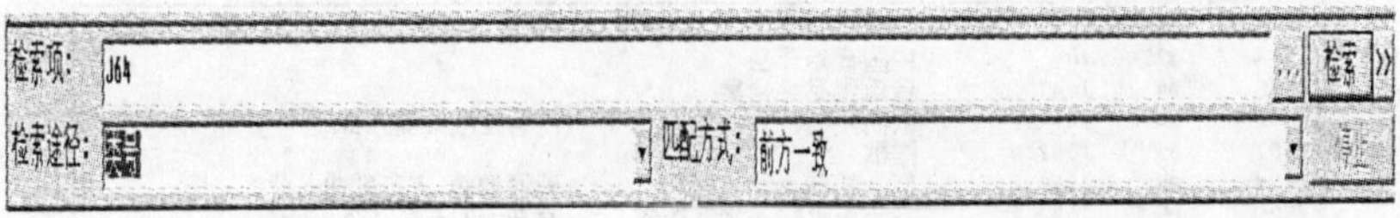

图 3-2

（2）类目树框。类目树是《中图法》的类目详表，图标左边有“+”或“-”标志的表明它是“未展开”或“已展开”的一个类目。用鼠标左键单击“+”或“-”标志，可以“展开”或“收起”类目的子目，见图 3-3。

（3）浏览框。浏览框是显示与装载来自检索窗检索结果的窗口，内容包括记录 ID、类级、类号、类名与注释，如图 3-4 所示。

（4）邻近类目框。邻近类目框显示所查看的类目记录的邻近类目，包括该类目的上位类（用朝上的黄箭头标示）、下位类（用朝下的绿箭头标示）、该类目本身（用红箭头标示）和同位类（无标示），见图 3-5。

（5）超文本框。在超文本框中，显示的内容分为 4 个部分：①本类目的直接上位类；②本类，包括注释；③本类目的直接下位类；④综合信息，包括记录控制号、款目类型等，见图 3-6。

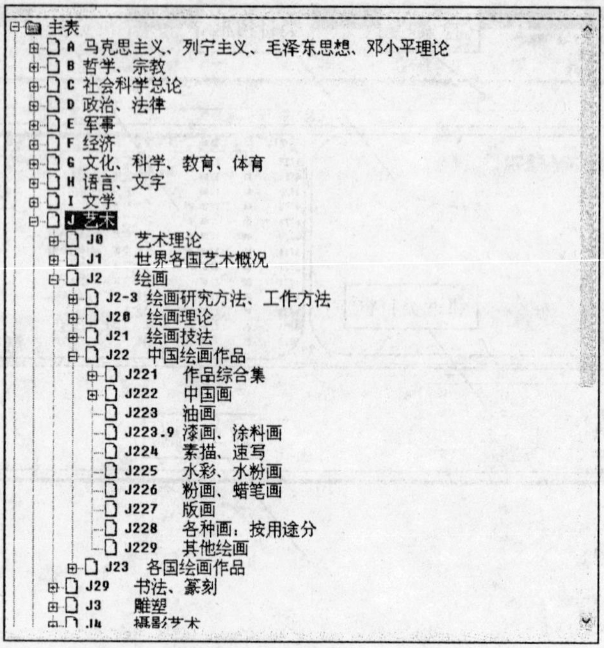

图 3-3

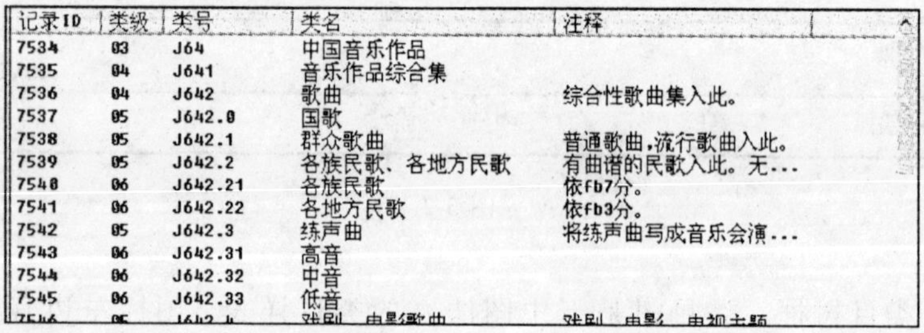

记录ID	类级	类号	类名	注释
7534	03	J64	中国音乐作品	
7535	04	J641	音乐作品综合集	
7536	04	J642	歌曲	综合性歌曲集入此。
7537	05	J642.0	国歌	
7538	05	J642.1	群众歌曲	普通歌曲,流行歌曲入此。
7539	05	J642.2	各族民歌、各地方民歌	有曲谱的民歌入此。无...
7540	06	J642.21	各族民歌	依fb7分。
7541	06	J642.22	各地方民歌	依fb3分。
7542	05	J642.3	练声曲	将练声曲写成音乐会演...
7543	06	J642.31	高音	
7544	06	J642.32	中音	
7545	06	J642.33	低音	
7546	05	J642.4	戏剧、电影歌曲	戏剧、电影、电视主题

图 3-4

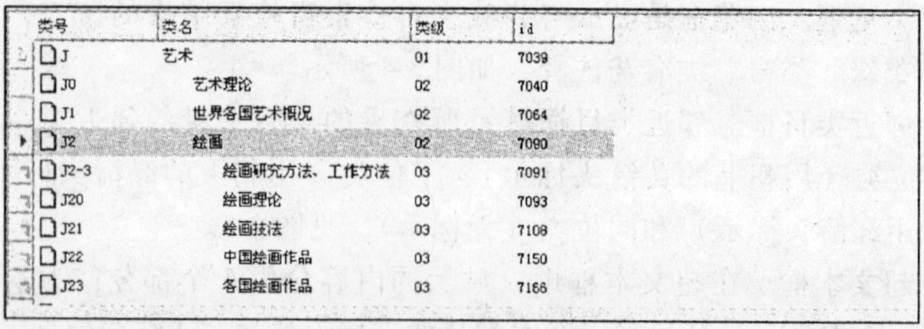

类号	类名	类级	id
J	艺术	01	7039
J0	艺术理论	02	7040
J1	世界各国艺术概况	02	7064
J2	绘画	02	7090
J2-3	绘画研究方法、工作方法	03	7091
J20	绘画理论	03	7093
J21	绘画技法	03	7108
J22	中国绘画作品	03	7150
J23	各国绘画作品	03	7166

图 3-5

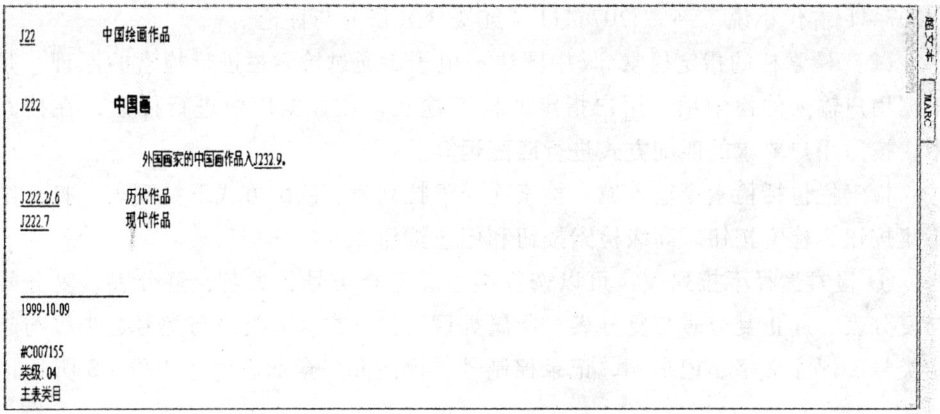

图 3-6

3.3.2 检索方式

《中图法》电子版的检索方式主要有两种：

(1) 类目树框的浏览检索。类目树是《中图法》的类目详表，通过类目树框进行浏览检索类似于使用印刷版的《中图法》，但电子版以方便快捷的形式展开类目的等级层次，采用超文本链接方式，用户可根据需要逐层展开类目，也可实现信息节点间的跳转。图 3-7 是“I 文学”的部分类目。

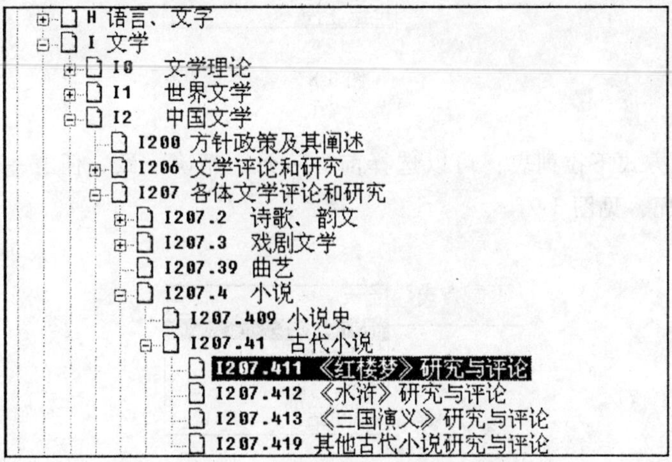

图 3-7

例如，检索《红楼梦》研究与评论的类目，首先打开主表，依次点击“I 文学”→“I2 中国文学”→“I207 各体文学评论和研究”→“I207.4 小说”→“I207.41 古代小说”→“I207.411《红楼梦》研究与评论”。

(2) 检索栏的指定检索。《中图法》电子版通过检索栏进行检索的原理，是根据用户输入的检索项、用户指定的检索途径，在数据库中进行搜索，在搜索中，按照用户要求的匹配方式进行匹配运算。

检索栏包括检索项输入域、检索途径下拉列表、匹配方式下拉列表、打开结果集按钮、检索按钮、高级检索按钮和停止按钮。

① 检索途径下拉列表：可以选择类号、起止类号、类名、复分表、复分号与复分表、起止复分号与复分表、所属类目路径、类级、类级与类号、类级与起止类号、评注文字、记录 id、记录控制号、评注 id、全部途径，如图 3-8 所示。

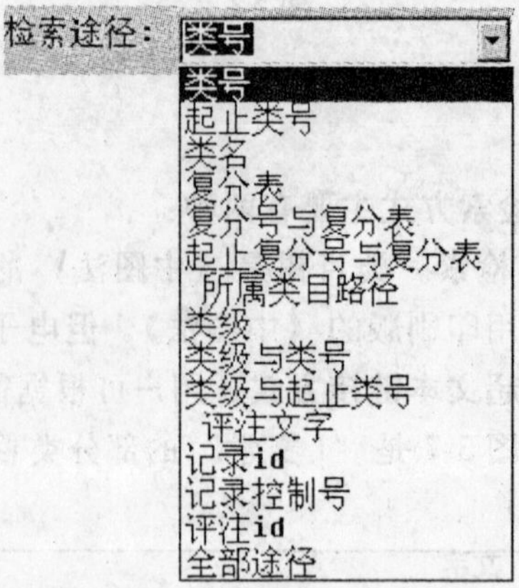

图 3-8

② 匹配方式下拉列表：可以选择前方一致、精确一致、任意一致、全文检索、相似匹配，见图 3-9。

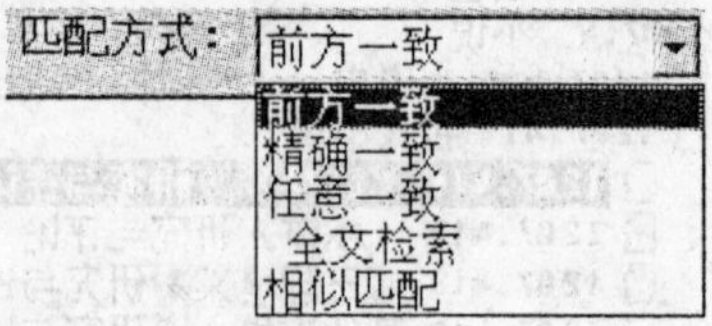

图 3-9

③ 检索项输入域：在这里输入要检索的内容。检索项的内容输入与选用的

检索途径和匹配方式相关，详细内容参见检索项输入域和通配符。

④ 检索按钮：用鼠标左键单击，即开始检索操作。

⑤ 打开结果集按钮：在“检索”按钮的左边，按钮符号为“...”，用鼠标左键单击，即可打开上一次进行高级检索时指定生成的结果集。

⑥ 高级检索按钮：在“检索”按钮的右边，按钮符号为“ >>”，用鼠标左键单击，即可打开高级检索对话框。详细内容参见如何进行高级检索。

⑦ 停止按钮：正在进行检索操作时可以使用，用鼠标左键单击后，即停止检索操作。

3.3.3 检索方法

（1）简单检索。这是指在检索窗使用一个条件进行的检索。

（2）高级检索。这是指在高级检索窗使用几个条件进行的逻辑组配检索，以及某种条件的限定检索，见图 3-10。

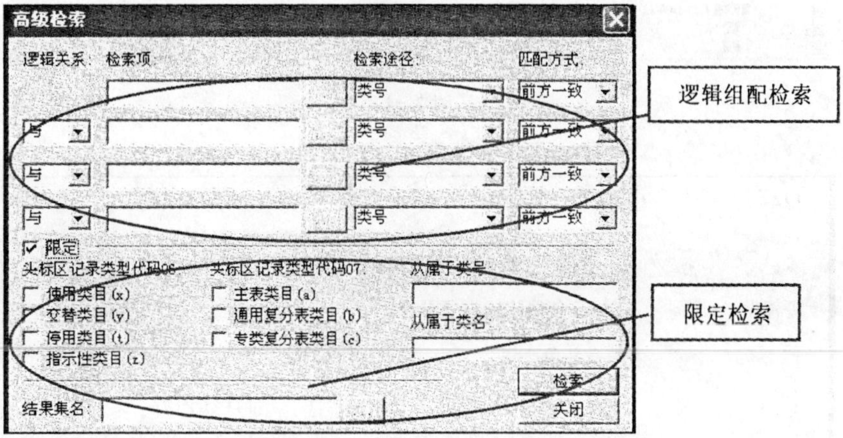

图 3-10

3.3.4 电子版“使用本”的建立

图书情报机构根据其文献收藏情况及用户需要，对选用的文献分类法进行适当调整、补充、说明后确定下来的作为分类标引依据的文献分类法文本，称为分类法的使用本，是类分文献的依据，记载着某馆使用分类法的规定和特殊细节。《中图法》电子版为用户建立使用本提供了相关的功能，即“用户评注”。

建立“用户评注”的方法是：首先将要评注的类目调入详细窗之中，用鼠标左键单击工具栏上的“评注”按钮，或选择功能菜单上的“评注...”命令，出现一个“评注”对话框，在此对话框中加入评注内容后，按回车键或用鼠标左键单击“确定”，就可以把加入的评注内容输入超文本框中。超文本框中的红色字体即为所加注的评注内容。同时也可在对话框中对评注的内容进行修改。详见图 3-11、图 3-12。

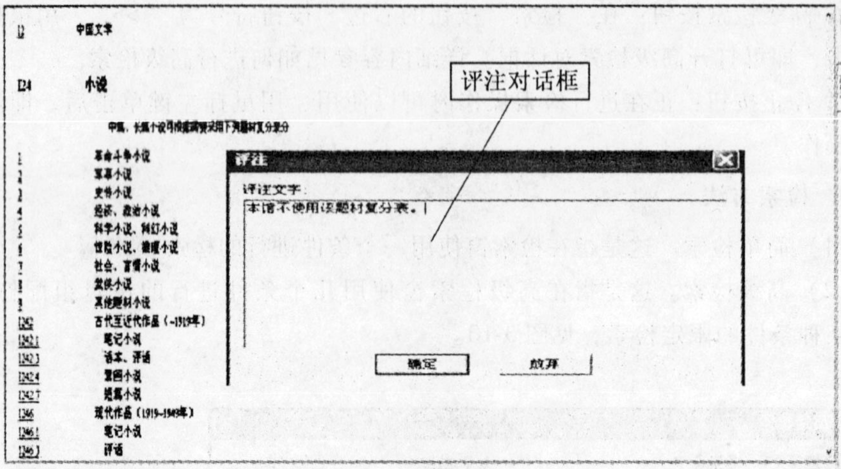

图 3-11

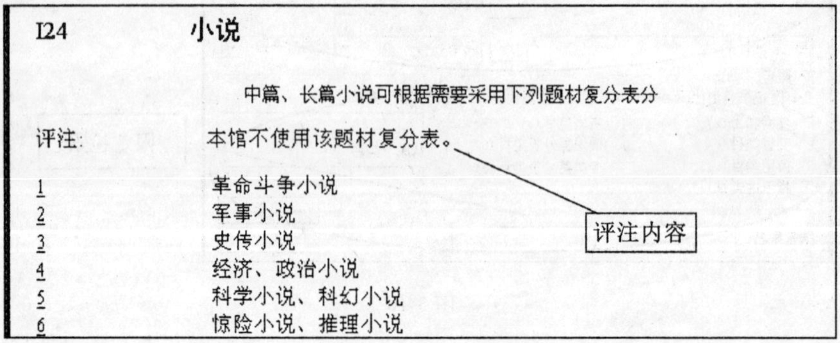

图 3-12

通过对评注的加入与修改，可方便地建立电子版的“使用本”，从而保证分类标引工作的一致性、连续性。

3.3.5 实例

实例一：《巴黎圣母院》（法国）雨果著

具体步骤见图旁说明，以下各图均为点击后的结果显示图。

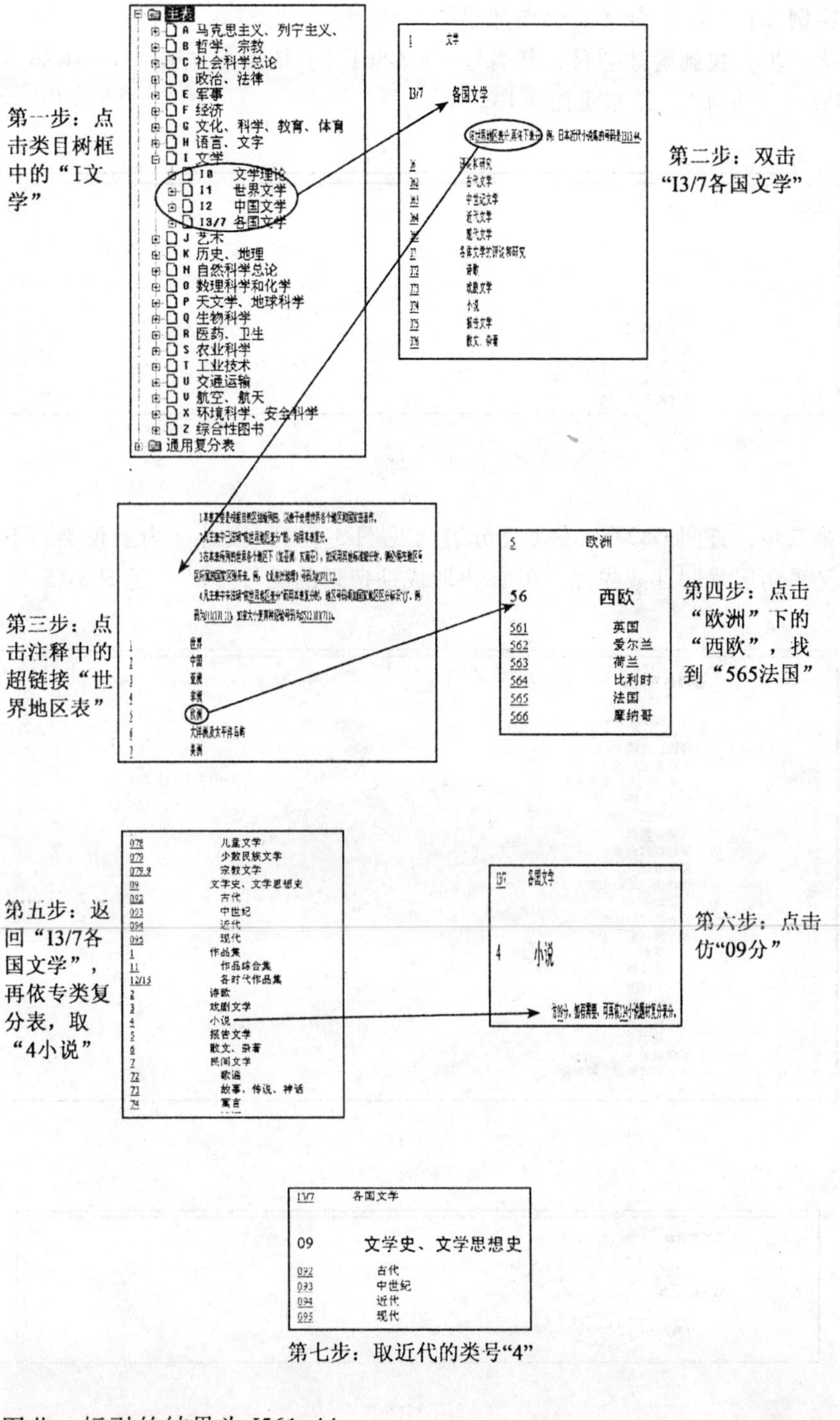

第七步：取近代的类号“4”

因此，标引的结果为I561.44。

实例二：《第21届奥运会游泳成绩》

第一步：找到游泳类目，其类号为：G861.1。依次点击G→G8→G86→G861→G861.1（游泳），结果见图3-13。

图3-13

第二步：查阅G82/89专类复分表（见图3-14），因游泳为上位类，下位类展开又采用层累制，故先加“0”，再取成绩记录的类号“8”，见图3-15。

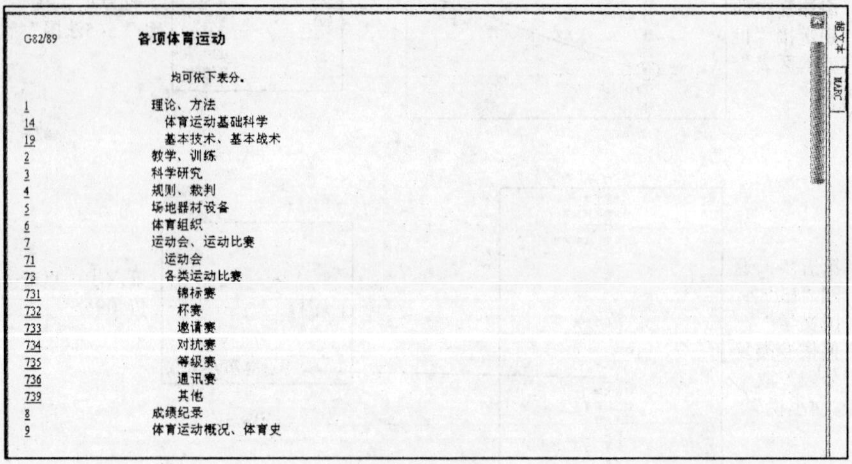

图3-14

图3-15

第三步：点击“8 成绩记录”，点击注释中的“可仿本表 7 分”中的超链“7”，见图 3-16。

G82/89	各项体育运动
7	**运动会、运动比赛**
71	运动会
73	各类运动比赛
731	锦标赛
732	杯赛
733	邀请赛
734	对抗赛
735	等级赛
736	通讯赛
739	其他

图 3-16

第四步：仿“7 运动会、运动比赛”，取号为“1”，并点开“71”，如图 3-17 所示。

7	运动会、运动比赛
71	**运动会**

仿G811.2分。例：第二十一届奥运会田径概述为G820.711/1976。

图 3-17

第五步：点开注释中的“仿 G811.2 分”，见图 3-18。

G811.2	国际体育运动会、运动竞赛
G811.21	**奥林匹克运动会**
G811.211	夏季运动会
G811.212	冬季运动会
G811.219	奥林匹克运动史

图 3-18

第六步：取奥林匹克运动会类号为“1”。

因此，标引的结果为 G861.108.11。

实例三：《白族印染艺术》

依次点击：J→J5→J52→J523→J523.2，结果见图 3-19。

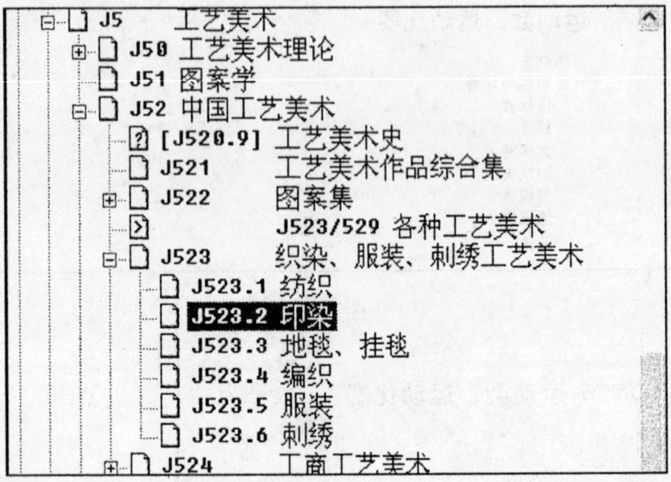

图 3-19

点开 J523.2，显示结果见图 3-20。

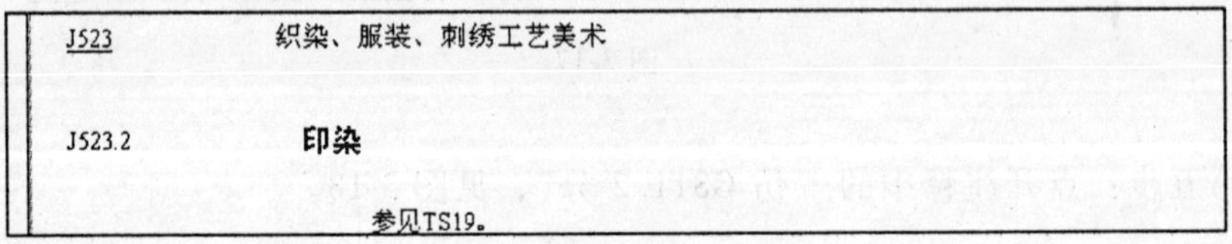

图 3-20

根据中国民族表的使用规定，凡主表中未注明“依中国民族表分”，而需用本表复分时，中国民族号码前需先加中国民族号“2”，并用民族区分标志“ ”。J523.2 类目下没有“依中国民族表分”的注释，查白族的类号为“52”，故标引结果为 J523.2“252”。

需要注意的是：

第一，《中图法》中的所有类号，均可从检索栏中查找，但是以经过标引人员复分、组配的类号作为检索项，则不会有命中的结果。

第二，以类名为检索项时，输入必须是有检索意义的内容，否则检索结果没有参考价值。

3.3.6 《中图法》Web 版的开发

《中图法》和《中国分类主题词表》的 Web 版正在研制开发中，预期的功能如下：

(1) 在互联网上能获取和利用不断更新的《中国分类主题词表》数据库，以授权方式可通过网络获得最新版本和查询所有数据，为文献标引用户服务。

(2) 在互联网环境下，通过《中国分类主题词表》的语义浏览界面向类似 OPAC 检索系统提供主题检索（包括分类检索）服务。

(3) 在一定权限下，系统应能满足可更新扩展的实用分类体系（知识本体）的建设需求，很方便地推出新的行业或专业分类主题对应表的建设平台，同时能建立与国外有影响力的分类法、主题词表映射关联的机制，从而可进一步形成一个有影响力的知识本体。

(4) 提供可视化网络友好界面。

(5) 平台的兼容性功能。

(6) 自动统计功能，对入口词、关键词、类名短语等或类号的访问量自动统计，以便系统增删改主题词或类目。

本章习题

(1) 美国经济史

(2) 世界现代艺术家传

(3) 世界农业科学家传

(4) 雨果传

(5) 中国潜艇部队营的训练

(6) 中国潜艇部队的训练

(7) 中国潜艇部队师

(8) 中国海军训练

(9) 中国海军师

(10) 中国海军航空兵

(11) 大长今（小说）

(12)《红楼梦》研究资料

(13) 邓小平传记

(14) 自然科学百科全书

(15) 互联网技术

(16) 微型计算机存储器的维护

(17) 英国现代经济史

(18) 中国壮族舞蹈

(19) 钢筋混凝土斜拉桥

(20) 中国石刻考古图录

(21) 中国炮兵战术

4 《杜威十进分类法》网络版的使用

分类法的网络版，主要是指在因特网上获取、使用、更新的分类法版本。它既不同于光盘版的单机版，也不同于光盘版的网络版（在局域网上使用的光盘版）。《杜威十进分类法》（以下简称 DDC）最容易使用的方式是其网络版 WebDewey。其主要内容包括：（1） DDC22 版的所有内容（含季度更新内容）；（2）印刷版中没有的相关索引词和组合类号；（3）根据 OCLC 的 WorldCat 联机目录记录中标引的杜威分类号和 LCSH（美国《国会图书馆标题表》）标题词，建立两者间的映射；（4）从映射的 LCSH 标题到 LCSH 规范档的链接；（5）可选择的与 MeSH(《医学主题词表》）的映射等。

4.1 实验目的及要求

（1）了解 WebDewey 的功能与特点。

（2）通过上机操作练习，熟练掌握 WebDewey 系统界面的各种操作。

（3）掌握 WebDewey 检索、浏览的方法与途径。

4.2 实验内容

（1）上机练习 WebDewey 系统界面的各种操作。

（2）运用 WebDewey 进行浏览、检索。

4.3 实验操作指导

4.3.1 WebDewey 的主要特点

（1）灵活的检索功能与用户注释数据库；

（2）便利的浏览功能，可方便地浏览 DDC 类号、相关索引、LCSH 标题词等；

（3）易于浏览 DDC 相关索引与 LCSH 的题内关键词索引（KWIC）；

（4）等级显示 DDC 类目及复分表；

（5）通过超链接方便检索注释中的相关记录及《手册》中的条目；

（6）建立 LCSH 与美国国会图书馆权威记录相关的 DDC 类号的联系。

4.3.2 WebDewey 的显示记录

（1）类目记录。图 4-1 显示的内容包括三方面，一是位于页面最上方的 DDC 类号及类名，二是位于页面中间的该类号的等级关系，三是位于页面底端的类目注释。

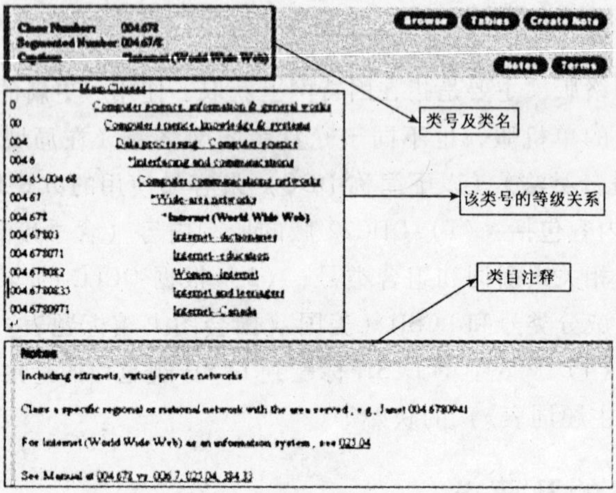

图 4-1

（2）分类法使用手册款目。对于难于归类的学科专业，分类法使用手册款目给出了标引建议，提供了类目的深度信息，并对 DDC 标引实践进行解释。见图 4-2，页面最上方左端为手册中的类号及类名，页面中间则为类目具体的说明与规定。

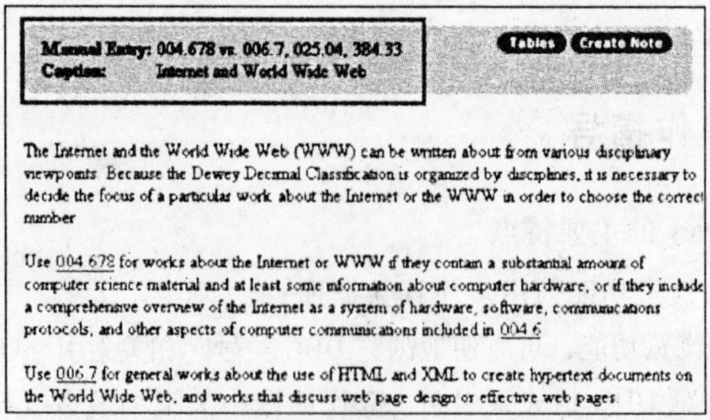

图 4-2

（3）复分表记录。复分表不能单独使用，必须同主类号一起使用，它提供了复杂主题进一步细分的特征。图 4-3 提供了复分表记录界面，最上方左端为复分表类号及类名，页面中间为复分表类名的等级显示，最下端为注释。

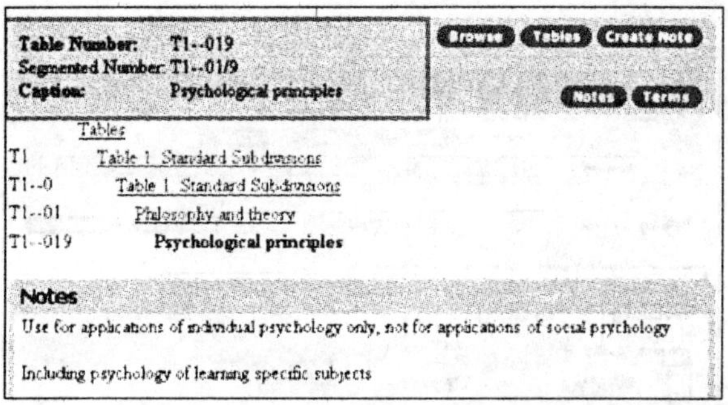

图 4-3

（4）关联术语。每一条 WebDewey 记录均列举了与 DDC 类号及使用手册条目有关的相关索引术语。绝大多数 WebDewey 记录实现了与 LCSH 的关联。相关术语包括映射到 DDC 类号的各种标题词，主要有由 DDC 编辑映射（EM）的 LCSH 标题、儿童标题表（SHC）标题等类型。

4.3.3 WebDewey 的检索功能

（1）检索界面。点击“Dewey Services”，选择“Search”按钮，进入检索界面（见图 4-4）。该页面提供了检索栏、快速使用帮助，以及大类与复分表的链接。可进行一个条件的检索，也提供了逻辑组配检索。检索词要与“in”后的 8 条下拉菜单中检索途径相匹配。如以类名作检索词，则要选择“Caption”。

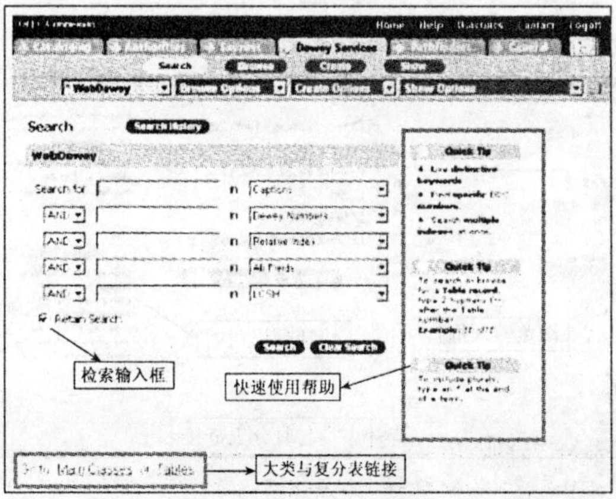

图 4-4

（2）检索结果的显示。在“Search for”框中输入“Bearded Dragon”（鬃狮蜥），检索结果页面见图4-5。如选择检索结果前面的数字，则显示该记录的超链接。

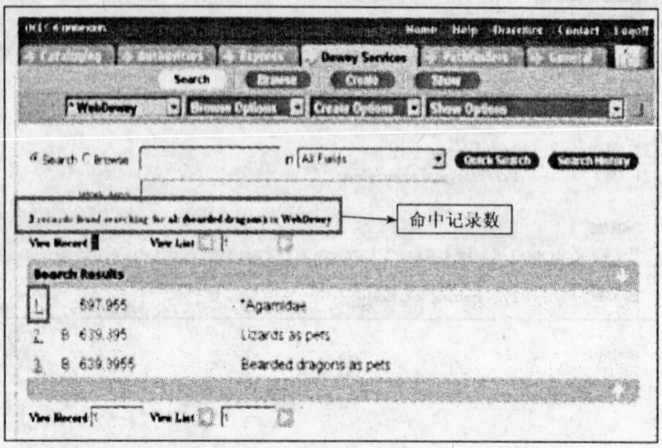

图 4-5

4.3.4 WebDewey 的浏览功能

（1）浏览界面。点击“Dewey Services”，选择“Browse”按钮，进入浏览界面（见图4-6）。该页面提供了浏览输入框、浏览路径、快速使用帮助，以及大类与复分表的链接。浏览框输入内容要与“in”后的6条浏览途径相匹配。

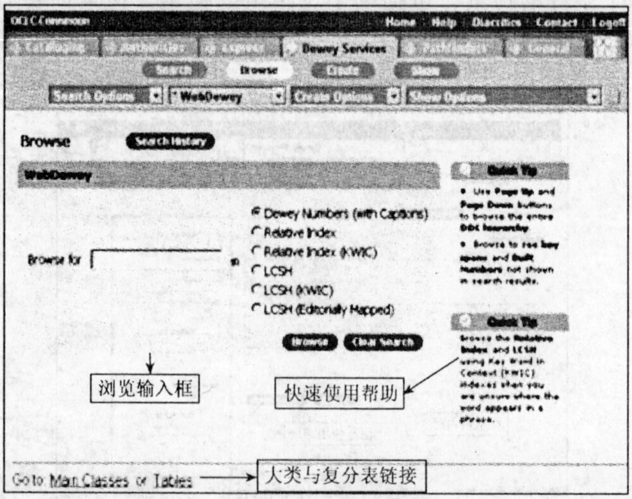

图 4-6

（2）浏览结果显示。在“Browse for”框中输入“338.476151”（医药产业），浏览途径选择带类名的 DDC 类号，浏览结果页面见图 4-7。如选择检索结果前面的数字，则显示该记录的超链接。

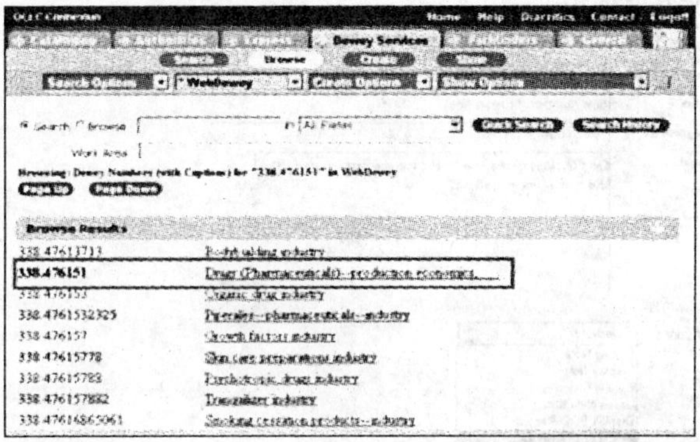

图 4-7

4.3.5 用户注释的实现

WebDewey 提供用户注释功能，允许用户把自己的注释增加到网络版中，以反映局部的分类惯例与相关规定。当需要为选定的一条记录创建注释时，点击“Create Note”按钮，如图 4-8 所示。

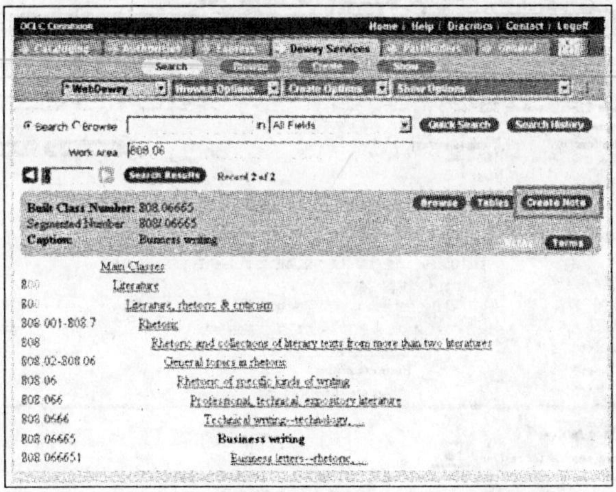

图 4-8

进入用户注释的编辑页面，可选定注释的类型（Type of Note），在注释编辑框中输入需要注释的内容，包括使用说明、指南、帮助、补充说明、标引的实例等。编辑完成后，选择“Save Note”选项，如图4-9所示。

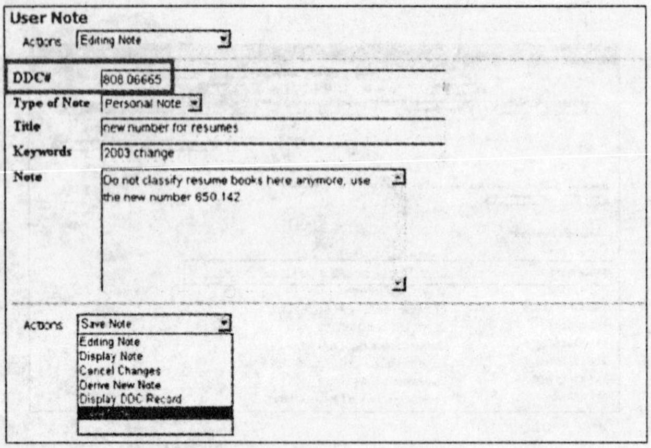

图4-9

用户注释经保存后，显示在需要增加注释类目记录页面底端的“User Notes”中（见图4-10），选择“Edit”可对保存的注释进行修改。

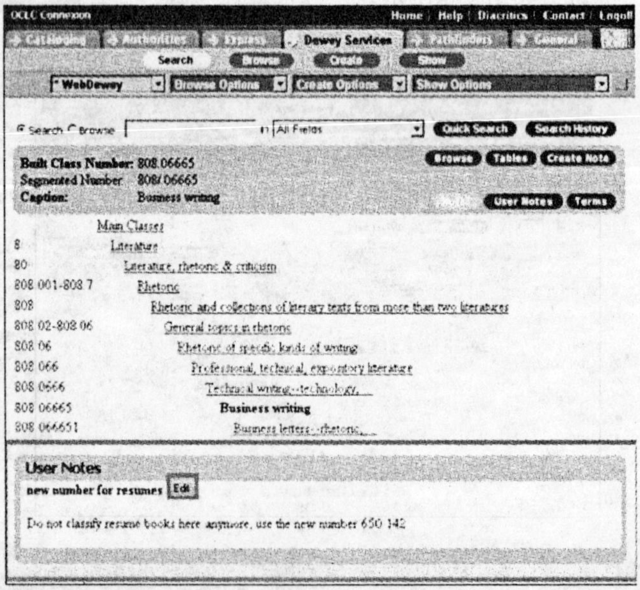

图4-10

5 《美国国会图书馆分类法》网络版的使用

Classification Web（简称 Class Web）是美国国会图书馆于 2001 年推出的《美国国会图书馆分类法》（LCC）网络版，它实现了国会分类法与标题法的兼容，使用户在检索分类号外还可查看与该分类号相对应的标题间的关系，有助于用户了解国会图书馆知识分类系统构架。该网站由国会图书馆每周对其进行更新，用户可获取最新版的国会图书馆分类法数据库。

5.1 实验目的及要求

（1）了解 LCC 网络版的功能与特点。

（2）通过上机操作练习，熟练掌握 LCC 网络版系统界面的各种操作，如菜单栏、工具栏、类目树框、检索栏、详细窗的操作方法。学会使用网络版窗口调整与切换功能。

（3）掌握网络版的检索方法与检索途径。

5.2 实验内容

（1）上机操作，熟练掌握网络版的操作方法。

（2）使用网络版标引文献。

5.3 实验操作指导

5.3.1 网络版的浏览与导航功能

（1）页面显示设置。在浏览器地址栏输入 http：//classificationweb. net 则进入美国国会图书馆分类法网站首页，注册并获取权限登录主页。单击主菜单，页面则显示如图 5-1 所示。

单击页面下端的“Preferences”，对页面参数进行设置：选择使用框架；在“显示选项”中选择每页显示 25 条记录；在“分类法浏览选项”中选择“Standard browser”。

（2）分类法类目记录中链接字母的功能介绍。以 BJ10. A-Z（国际社会与运动）类为例加以说明，如图 5-2 所示，在 Class Web 中主表或复分表类目后均有

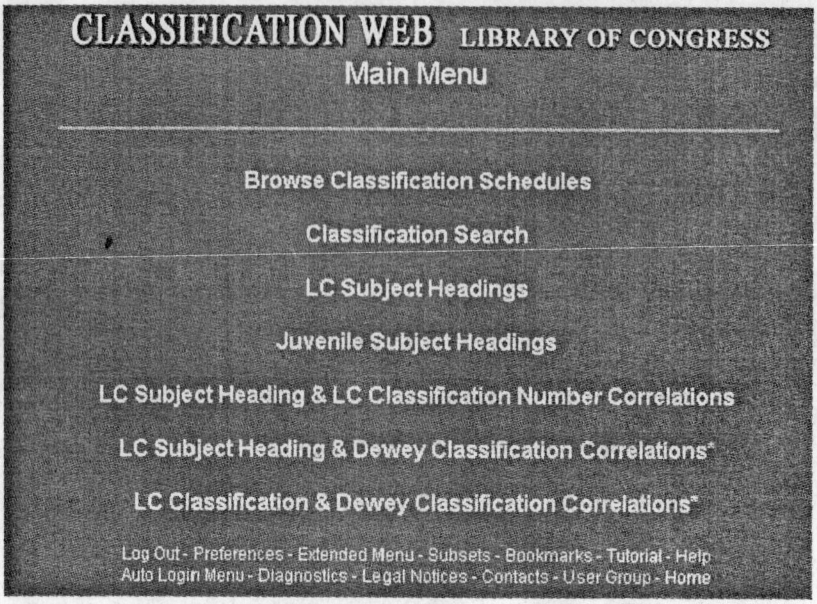

图 5-1

括号“[]”，括号中为大写英文字母的超链接。

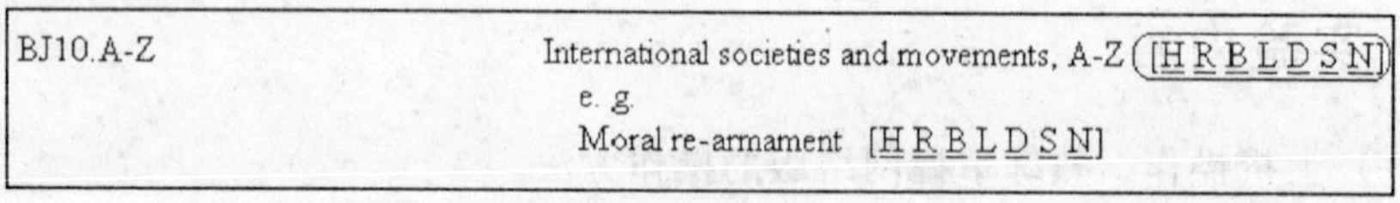

图 5-2

H：单击此字母则显示类目的等级关系，如图 5-3 所示。

图 5-3

R：单击此字母则显示该类目的机读格式，如图 5-4 所示。

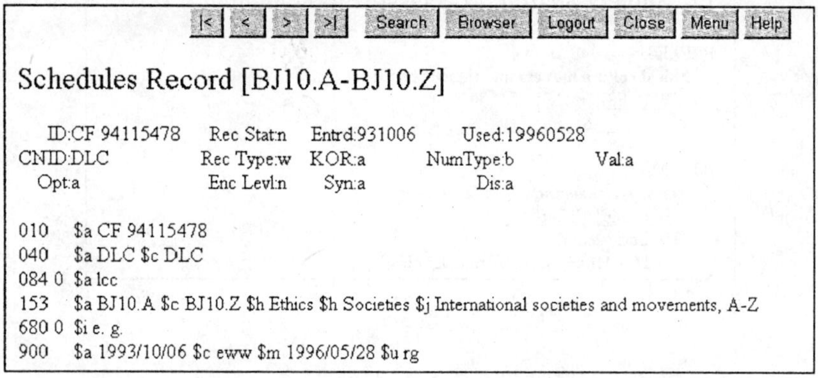

图 5-4

B：单击此字母显示同意将其书目记录列在 Class Web 中其他图书馆的联合目录，如图 5-5 所示。

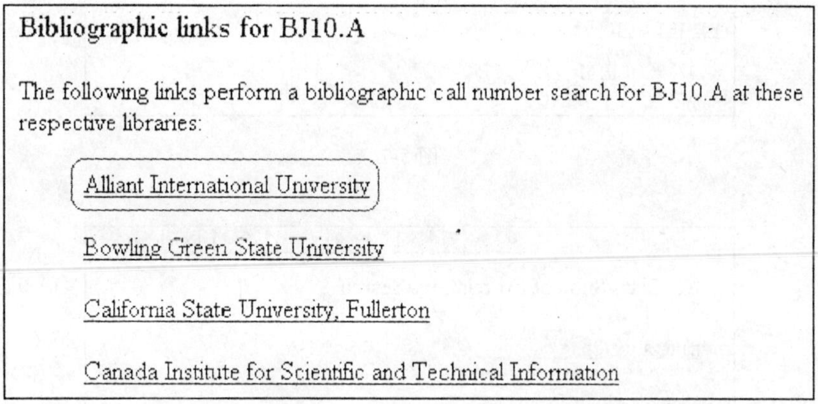

图 5-5

L：单击此字母可显示 LCC 分类号对应的 LCSH 的标题词，如图 5-6 所示。

D：单击此字母则显示该类号对应的杜威分类号，如图 5-7 所示。

S：单击此字母则在新的窗口列出与国会图书馆目录中的任一个 LCC 类号紧密联系的 10 个 LCSH 标题词串，如图 5-8 所示。

N：单击此字母可为该分类号编辑使用评注（注释），如图 5-9 所示。

（3）相互参见注释。在“LC Class #”处键入此类号“gv854. 9”（山坡滑雪运动），点击“Go”，如图 5-10 所示。

|< < > >| Search Reset Logout Close Menu Help

LC Subject Search: LC classification number

BJ10.E8
Ethical culture movement (May Subd Geog) [R S]
[BJ10.E8] [B L S]
BT Ethics--Societies, etc.

BJ10.M6
Moral re-armament (May Subd Geog) [R S]
[BJ10.M6] [B L S]
UF Buchmanism
Moral rearmament [Former Heading]

图 5-6

|< < > >| Reset Logout Close Menu Help

LC Classification/Dewey Classification Correlation Search

BJ1 [B L S C]
170 (2) [D S]
170.5 (2) [D S]
212.4 (1) [D S]

BJ2 [B L S C]
170.5 (2) [D S]
170.96 (1) [D S]
174.957405 (1) [D S]

图 5-7

|< < > >| Reset Logout Close Menu Help

LC Class/Subject Correlations Search

BJ10.E8 [B L C]
Ethical culture movement--History. (1) [L S]

BJ10.M6 [B L C]
Moral re-armament. (24) [L S]
Moral re-armament--Biography. (4) [L S]
Moral re-armament--Congresses. (2) [L S]
Moral re-armament--Finland. (1) [L S]

BJ11.A63 [B L C]
Ethical culture movement. (1) [L S]

BJ12 [B L C]
Ethics. (1) [L S]

BJ13 [B L C]
Ethics. (3) [L S]

图 5-8

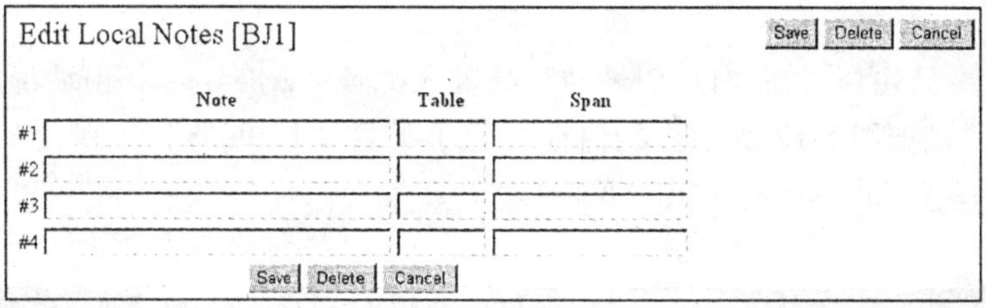

图 5-9

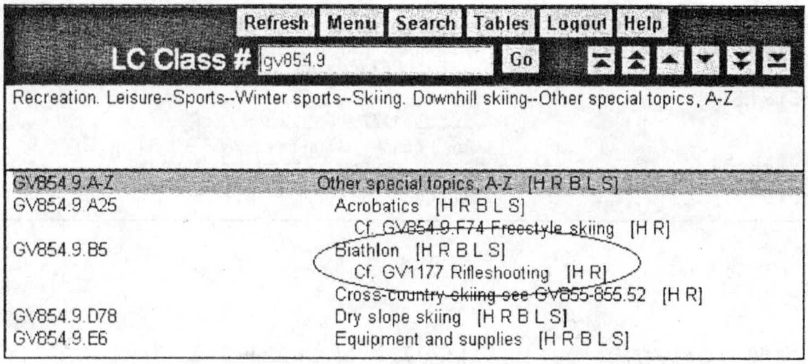

图 5-10

点击图 5-10 中红色框标记的相互参见注释中类号“GV1177”（射击），页面则转至此类号的检索结果，如图 5-11 所示。

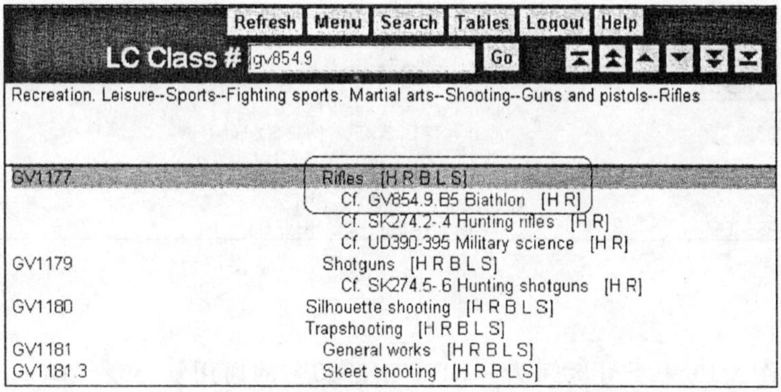

图 5-11

可见图 5-11 中类目“Rifles”下端也设有与类目“Biathlon”的相互参见注释。

（4）参见注释。在“LC Class #”处键入类号“gv854. 9”（山坡滑雪运动），点击“Go”，如图 5-12 所示。红色框标记了类目“Biathlon”（现代冬季两项）的参见注释，点击即可进入其参见链接。

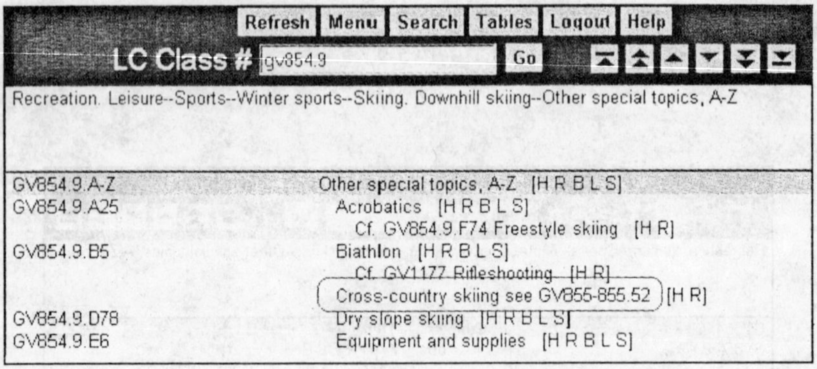

图 5-12

（5）主要复分表的链接。以“kf2971”（知识产权）为例，在“LC Class #”处键入此类号，点击“Go”，则进入如图 5-13 所示的页面。

图 5-13

可见图 5-13 中类号区间为“KF2971-2980”的通用复分表“General TABLE KF2”，点击此链接，则进入如图 5-14 所示的页面。

需注意的是，图 5-14 左侧红色框中标记的为“KF2”复分表的类号，而不是分类主表的类号。

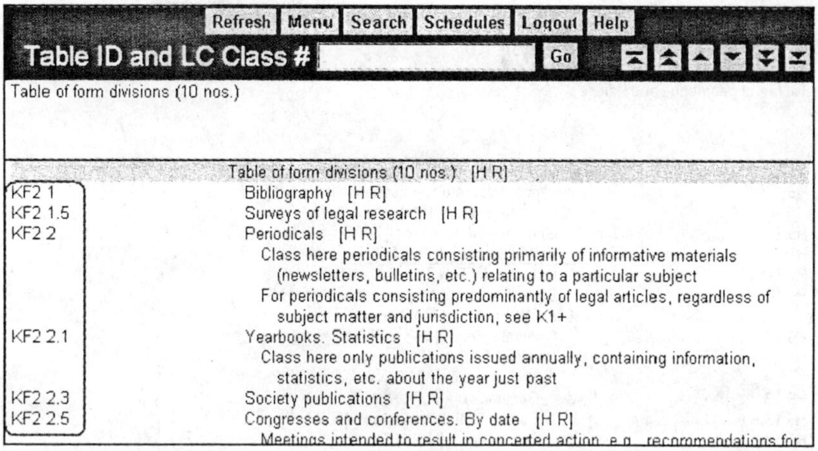

图 5-14

（6）次级复分表的链接。以“hd4971”（工资）为例，在“LC Class #”处键入此类号，点击“Go”，则进入如图 5-15 所示的页面。

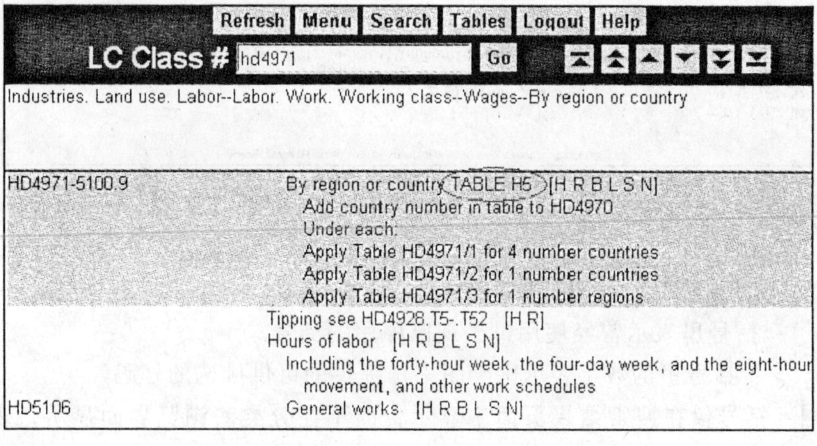

图 5-15

单击图 5-15 的“TABLE H5”，将链接到“HD4971-5100.9”的国家地区复分表，如图 5-16 所示。

可发现图 5-16 复分表中的类名后有功能键“T”，表示链接至此类目的次级复分表。单击“United States”类目后括号中的“T”，则进入如图 5-17 所示的页面。

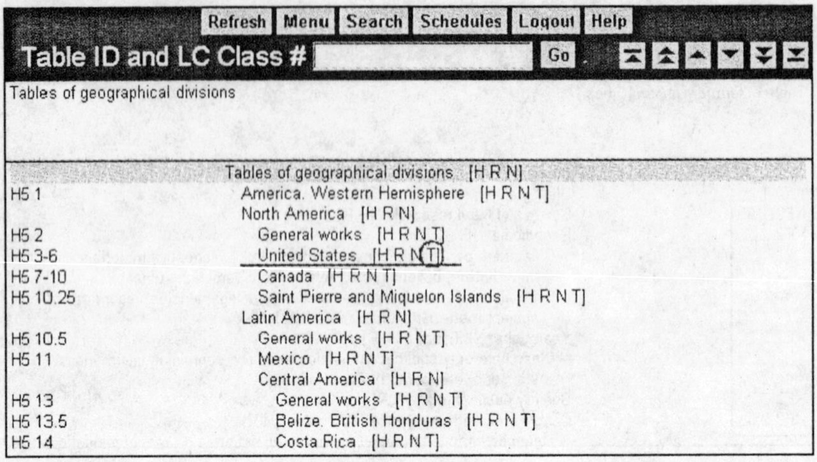

图 5-16

图 5-17

（7）Class Web 的辅助符号。

（ ）：括号里表示曾经使用过、现已停用的类号。

< >：括号里的数字表示国会图书馆提供的可供挑选的号码。

[ ]：括号仅在搜索结果页面中显示，而不在分类法浏览界面显示，表示起止类号的区间。

（8）使用无等级结构的浏览方式。在 Class Web 主菜单点击“Preferences”，对页面参数进行设置。点击“Do not use frames”，则页面将不使用动态等级结构，如图 5-18 所示。

如需浏览等级体系，可点击图 5-18 分类目录中类目右侧括号内的“H”，则在新的窗口进入类目的等级体系。

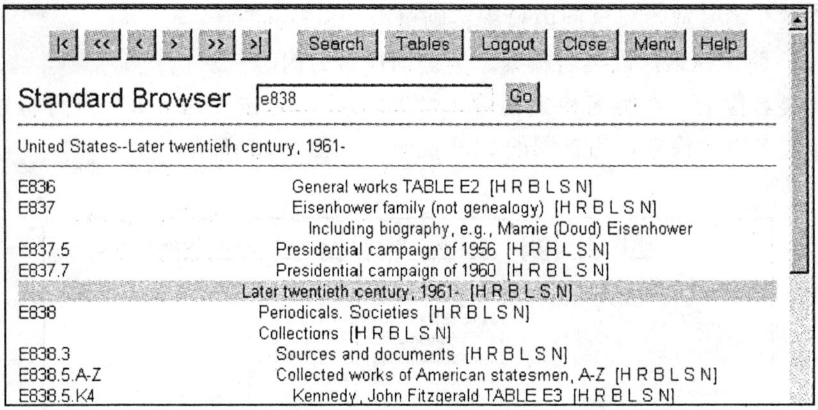

图 5-18

5.3.2 检索方式

(1) 检索界面介绍。在 Class Web 主菜单点击 “Classification Search”，如图 5-19 所示，进入检索页面。

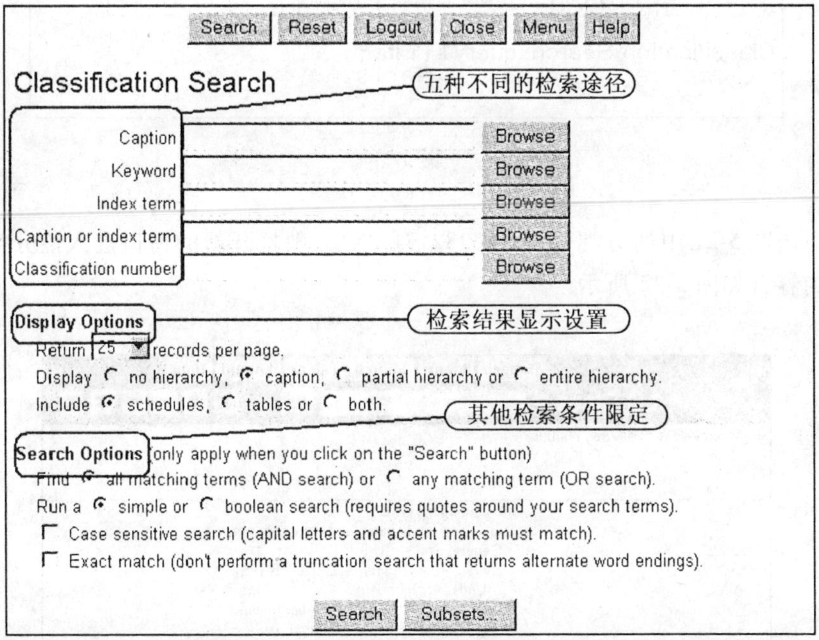

图 5-19

输入检索项并设置好页面显示以及检索方式后，单击“Search”进行检索。如需在某一类号或类号区间内检索，则单击“Subsets”。

（2）简单检索。以类名检索、关键词检索为例。

①类名检索。在类名检索框输入“Titanic”，点击“Search”进行检索。结果显示类名以该检索词为首词的 LCC 类号，如图 5-20 所示。

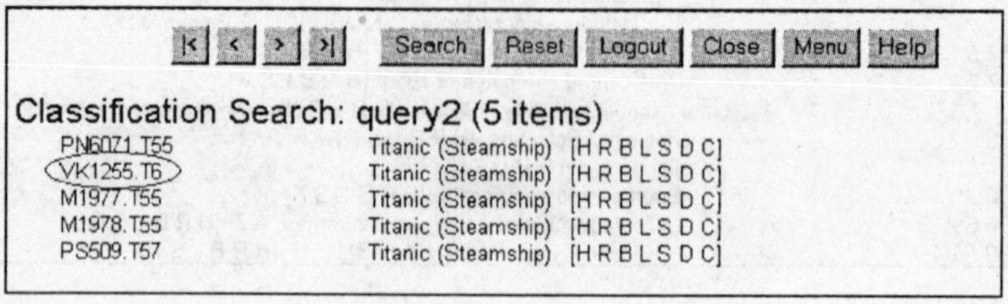

图 5-20

② 关键词检索。在关键词检索框输入“hotlines”，点击“Search”，将转入如图 5-21 所示的页面。

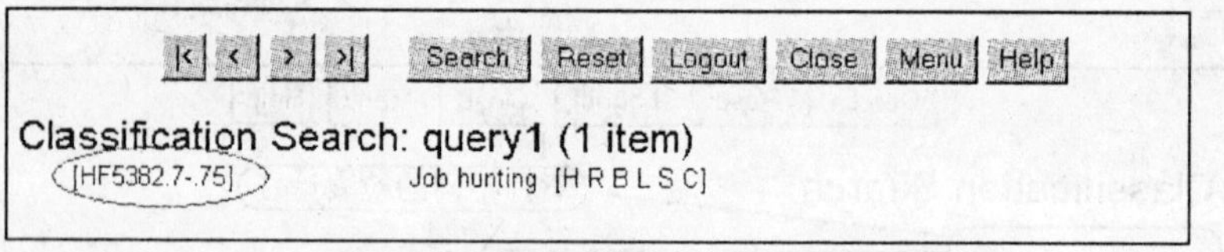

图 5-21

单击图 5-21 中的分类号［HF5382. 7-. 75］，则打开新的窗口进入该分类号的详细内容，如图 5-22 所示。

图 5-22

可见图 5-22 中类目“Job hunting”的注释包含所输关键词“hotlines”。

(3) 高级检索。高级检索功能可实现多种检索途径的组配与限定检索。如在类名检索框输入“biography”，然后在分类号检索框输入字母“q”，即可检索“Q（科学）类”中“传记”的相关记录。显示结果如图 5-23 所示。

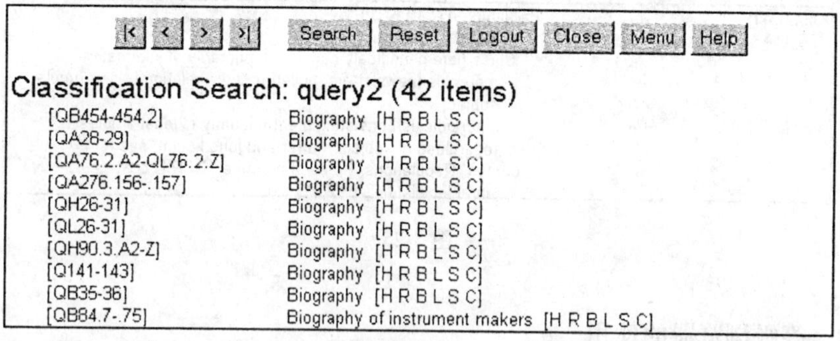

图 5-23

5.3.3 利用增强浏览器组合类号

Class Web 的增强浏览器能将主表和复分表类号组合在一起，通过浏览其复分表便可找到合适的类号。点击复分表名称的超链接便可调用相应的复分表。

以简单组配为例，在“LC Class #”处输入“kf560”（个案记录簿），点击“Go”，如图 5-24 所示。

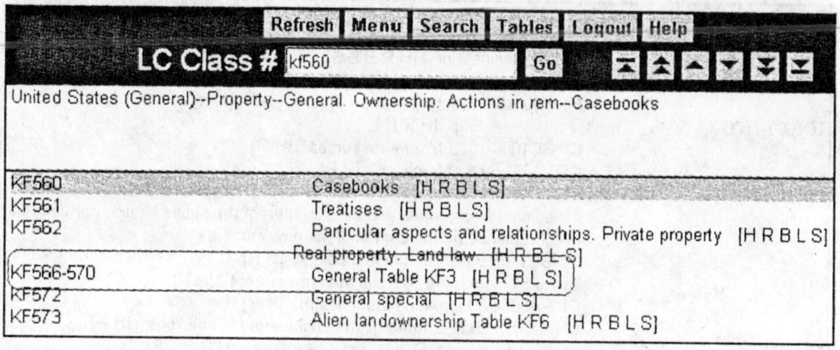

图 5-24

页面显示“KF566-570”类号区间需按照通用复分表“KF3”复分。点击图 5-24 中的名称“General”，结果则显示“KF3”复分表的所有子目，如图 5-25 所示。

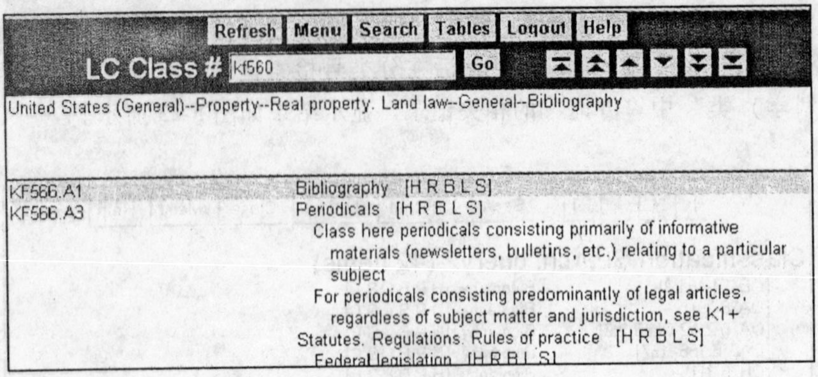

图 5-25

5.3.4 等级浏览器的使用

Class Web 的等级浏览器可浏览 LCC 中所有等级的类目。

以"T（技术）类"为例，在"LC Class #"处输入"t"，点击"Go"。页面则显示"T（技术）类"的等级体系以及主要的下位类，如图 5-26 所示。

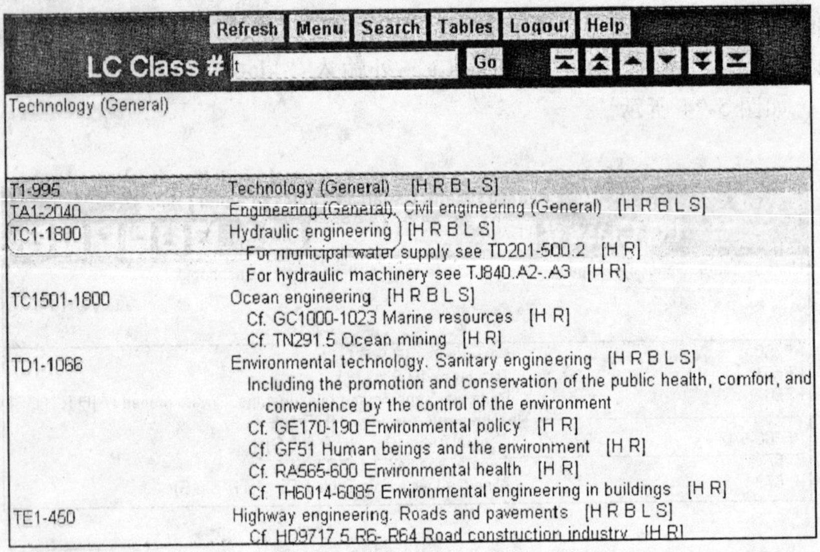

图 5-26

点击图 5-26 中类号为"TC1-1800"的类名"Hydraulic engineering"（水利工程），页面则显示此类目的下位类，如图 5-27 所示。

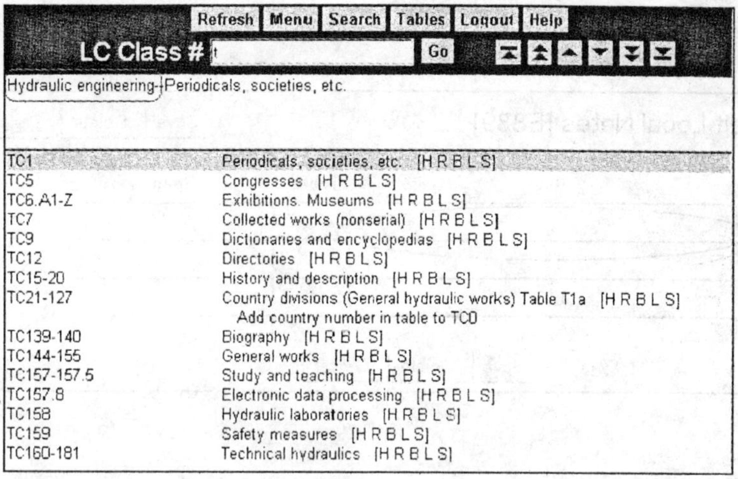

图 5-27

5.3.5 用户注释的建立

（1）用户注释。Class Web 允许用户在任何位置创建并保存用户注释，通过 ID 无论何时登录都可获得该注释。该注释相当于《中图法》用户评注。

（2）建立用户注释的步骤。

① 调入需要加入注释的类。在“LC Class #”处输入“E889”（2000 年总统竞选活动），然后点击“Go”，显示页面如图 5-28 所示。

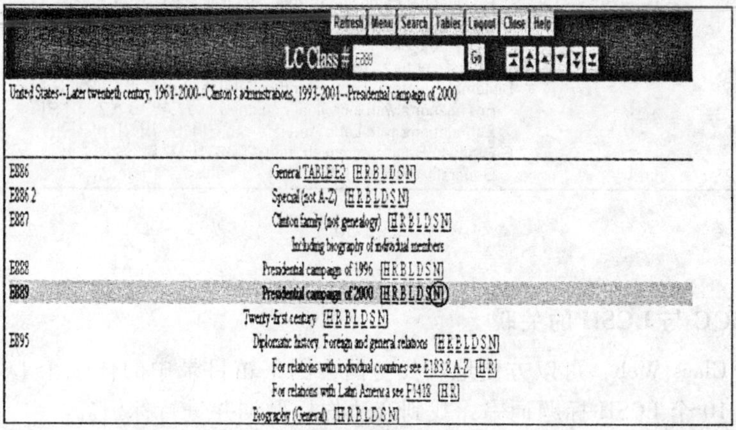

图 5-28

② 点击类名“Presidential campaign of 2000”右边括号里的“N”，返回页面如图 5-29 所示。

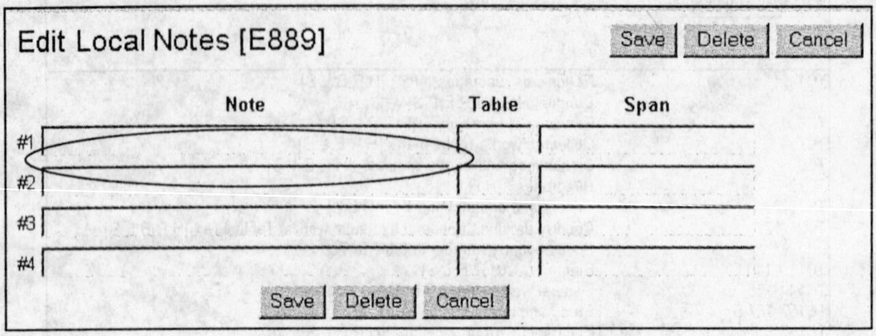

图 5-29

③ 在图 5-29 第一个输入框中键入“Use this number only for works about the campaign, not for the actual election returns”，然后点击“Save”，用户将返回到浏览界面上，其记录文字将以红色字体显示在“E889”的类名“Presidential campaign of 2000”下，如图 5-30 所示。

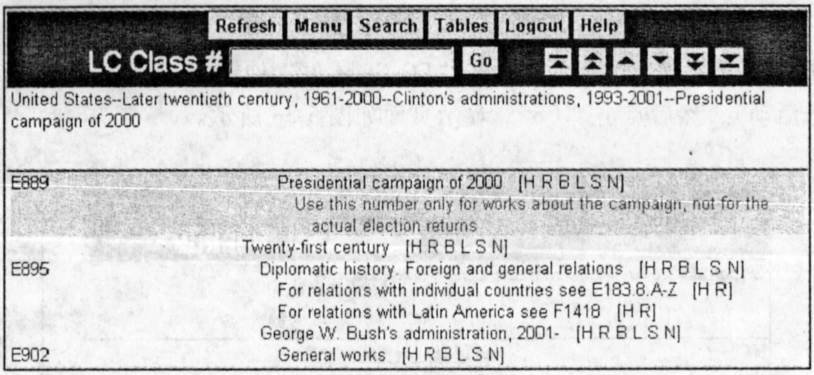

图 5-30

5.3.6 LCC 与 LCSH 的关联

利用 Class Web，可以方便地查找与国会图书馆目录中的任一个 LCC 类号紧密联系的 10 个 LCSH 标题词串，找到合适的标题词并进行标引。

（1）分类号与标题词的关联。在“LC Class #”输入框中键入类号“pn4778”（编者．编辑），点击“Go”，显示页面如图 5-31 所示。

点击图 5-31 中类名“The editor. Editing”后括号中的字母“S”，则显示

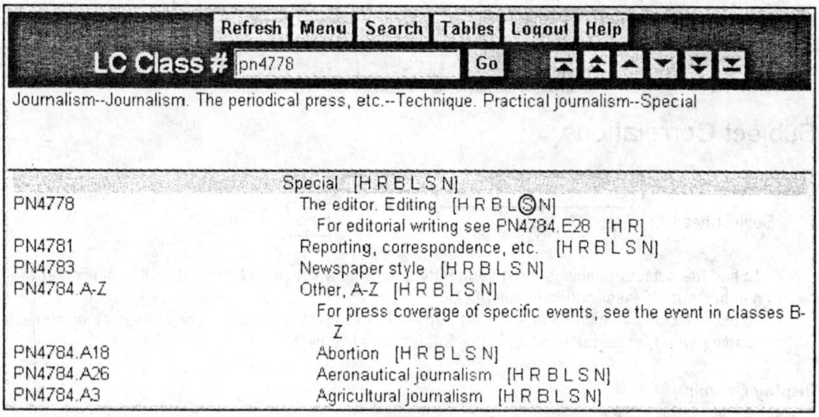

图 5-31

"Subject Correlations" 页面，如图 5-32 所示。

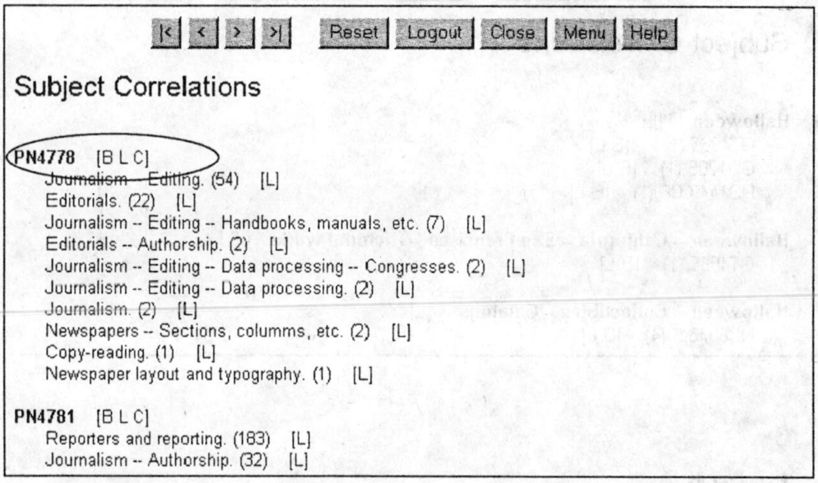

图 5-32

（2）标题词与分类号的关联。在主菜单页面中点击 "Subject Heading & Classification Number Correlations"，打开 "Subject Correlations" 窗口，如图 5-33 所示。

在分类号输入框中键入 LCC 类号，点击 "Find" 检索与此类号相关联的一组标题词，也可进行 "反向" 标题关联检索。如在标题词检索框中输入 "Halloween"（万圣节前夕），则返回以 "Halloween" 为首词的一组标题词串，如图

5-34 所示。

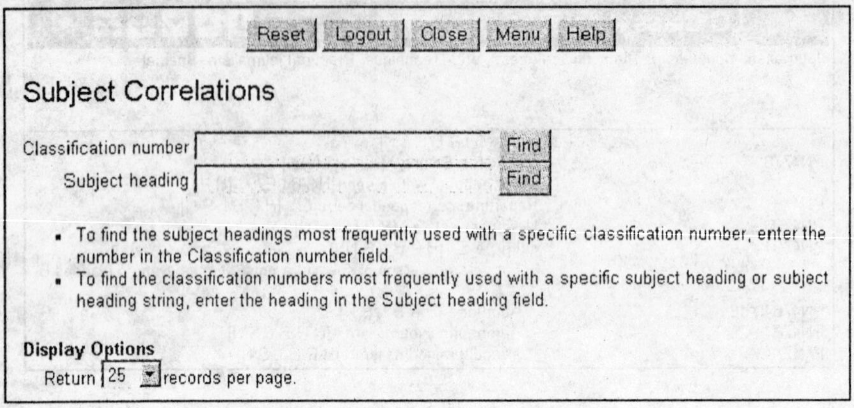

图 5-33

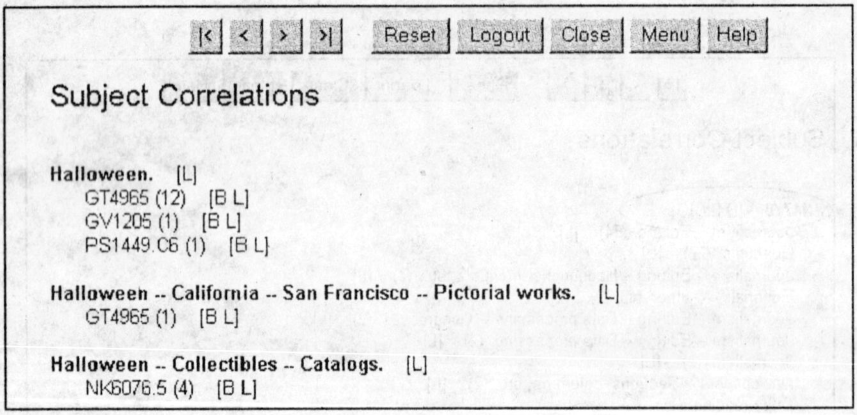

图 5-34

5.3.7 标题词表

标题词以词表形式显示，每个标题词都包括它的“用、代”、上位词、下位词及相关词说明。用户可直接检索标题词，或通过类号进行链接。

在 Class Web 主菜单页面点击“Subject Headings”，如图 5-35 所示。

如在“Structured subject heading”检索框中输入“taxation--law and legislation”（征税——法律和立法），点击“Browse”，结果如图 5-36 所示。

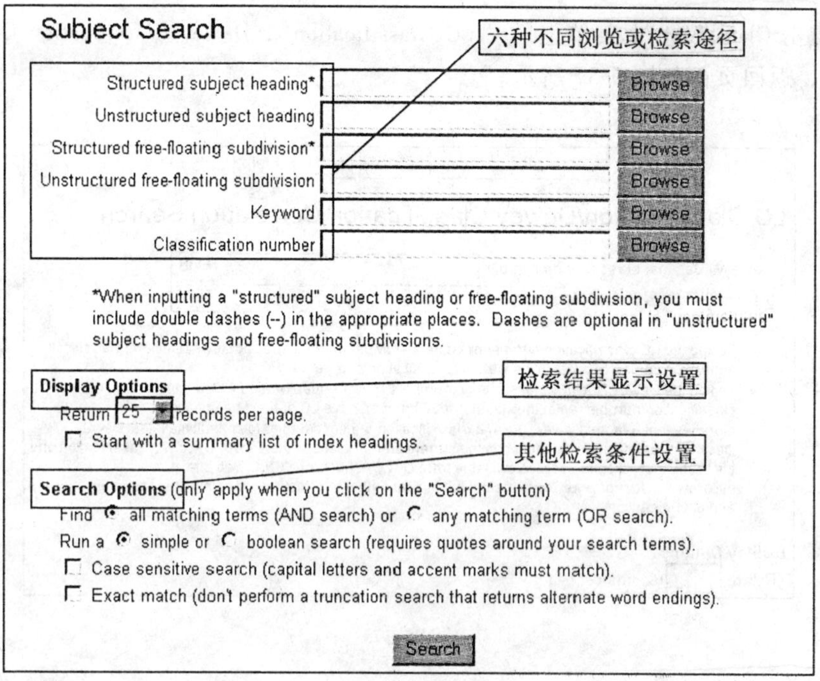
Subject Search
六种不同浏览或检索途径
Structured subject heading*
Unstructured subject heading
Structured free-floating subdivision*
Unstructured free-floating subdivision
Keyword
Classification number
Browse
*When inputting a "structured" subject heading or free-floating subdivision, you must include double dashes (--) in the appropriate places. Dashes are optional in "unstructured" subject headings and free-floating subdivisions.
Display Options
检索结果显示设置
Return 25 records per page.
Start with a summary list of index headings.
其他检索条件设置
Search Options (only apply when you click on the "Search" button)
Find all matching terms (AND search) or any matching term (OR search).
Run a simple or boolean search (requires quotes around your search terms).
Case sensitive search (capital letters and accent marks must match).
Exact match (don't perform a truncation search that returns alternate word endings).
Search

图 5-35

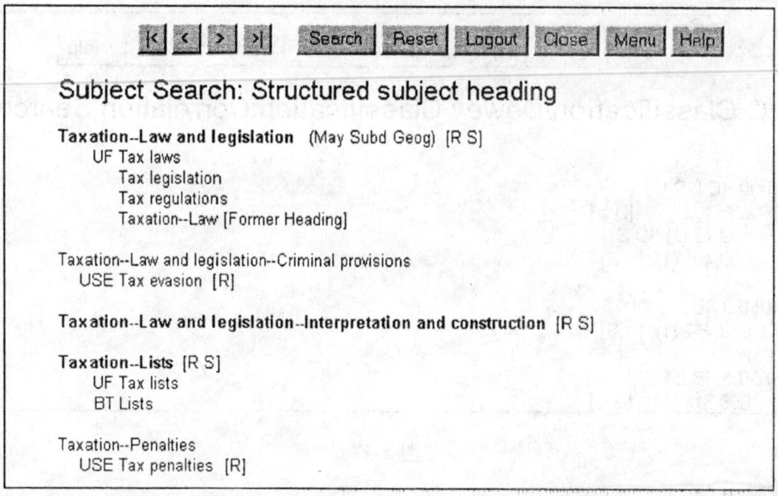
|< < > >| Search Reset Logout Close Menu Help
Subject Search: Structured subject heading
Taxation--Law and legislation (May Subd Geog) [R S]
UF Tax laws
Tax legislation
Tax regulations
Taxation--Law [Former Heading]
Taxation--Law and legislation--Criminal provisions
USE Tax evasion [R]
Taxation--Law and legislation--Interpretation and construction [R S]
Taxation--Lists [R S]
UF Tax lists
BT Lists
Taxation--Penalties
USE Tax penalties [R]

图 5-36

5.3.8 LCC 和 DDC 的关联

点击 Class Web 主菜单上的“LC Classification & Dewey Classification Correlations”，返回页面如图 5-37 所示。

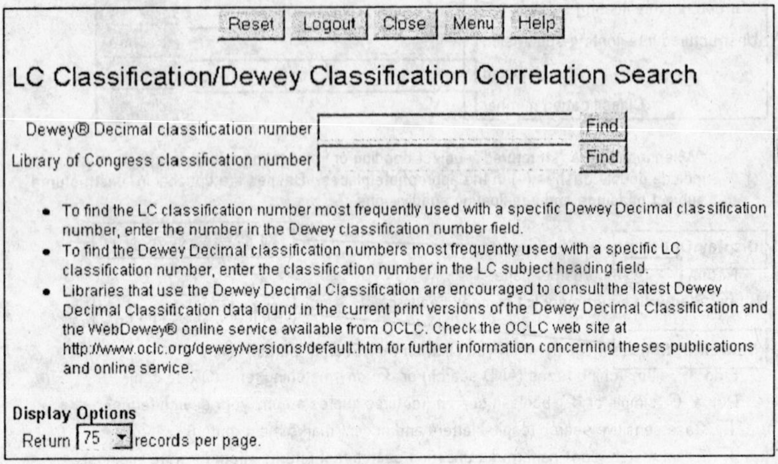

图 5-37

在输入框“Library of Congress classification number”中键入类号“HD50”(总论性著作)，点击“Find”，返回页面如图 5-38 所示。

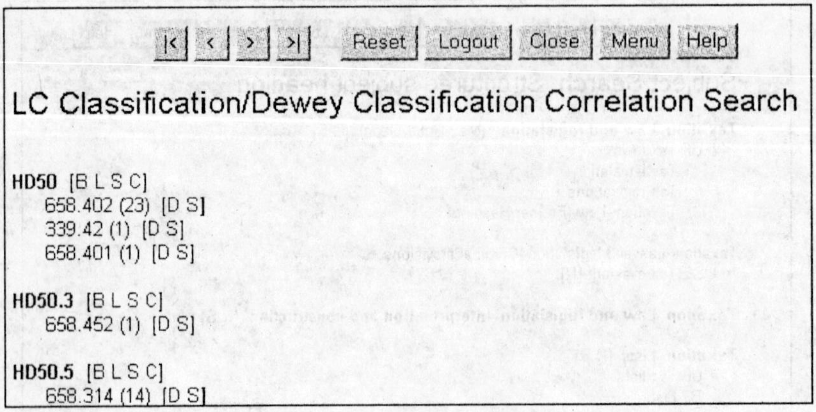

图 5-38

6 多主题、各类型文献的分类标引方法

按文献涉及的主题因素的多寡，可分为单主题与多主题文献。多主题指文献研究或论述的主题内容有两个或两个以上，根据主题之间的关系，可划分为并列关系主题、从属关系主题、应用关系主题、影响关系主题、因果关系主题和比较关系主题等。本章主要介绍其中的应用关系、影响关系、因果关系主题文献的分类标引方法。

各类型文献包括：多卷书与丛书、工具书、中文古籍、期刊与报纸、非书资料、技术标准与专利文献等。本章主要介绍其中的多卷书与丛书、工具书的分类标引方法。

本章使用《中国图书馆分类法》（下文简称《中图法》）作为分类标引工具。

6.1 实验目的及要求

（1）掌握应用关系、影响关系、因果关系主题文献的分类标引方法；

（2）学会多卷书与丛书、工具书的分类标引方法；

（3）使用《中图法》进行多主题及各类型文献的标引实践。

6.2 实验内容

（1）标引应用关系、影响关系、因果关系主题文献。

（2）标引多卷书与丛书、工具书。

（3）使用《中国法》进行多主题及各类型文献的标引。

6.3 实验操作指导

6.3.1 多主题文献的分类标引方法

（1）应用关系主题文献的分类标引。

①论述一种（或多种）理论、方法、工艺、材料、设备、产品等在某一学科领域中应用的文献，归入应用到的学科主题方面所属的类目。

如标引《卫星水汽图像和位势涡度场在天气分析和预报中的应用》一书，

其分类标引过程如下：

第一，分析文献主题。

内容简介（摘录）：将动力气象的位势涡度理论、数值预报输出产品的应用和卫星水汽图像的解释有机地结合起来，卫星云图、天气图和各种数值预报产品相互配合，为预报员勾画出天气系统三度空间结构和发展趋势的合理诊断与预期。从中可了解这是一本关于位势涡度理论与卫星水汽图像在天气预报中应用的书。

第二，确定文献主题。

经过分析，本书的主要主题如下：

水汽—卫星图像—应用—天气分析

水汽—卫星图像—应用—天气预报

位势场—涡度—应用—天气分析

位势场—涡度—应用—天气预报

第三，查阅分类法类表，依其所属学科归类。

P4　大气科学（气象学）

P45　　天气预报

根据分类规则，应归入应用到的学科主题“天气预报”所属的类目，标引结果为 P45。

②论述一种理论、方法在多个学科领域中应用的著作，则归入该理论、方法等主题本身所属的类目。

如标引《有机质谱应用：在环境、农业和法庭科学中的应用》一书，其分类标引过程如下：

第一，分析文献主题。

内容简介（摘录）：应用有机质谱分析环境毒物、农副产品中的农兽药残留以及刑事案件中相关毒物样品的方法，其中包括了环境有毒化学污染物的采样、前处理及质谱分析方法，农副产品中农兽药残留质谱分析方法的建立及检测技术，刑事案件中毒药物、农药及其代谢物、爆炸残留物、矿物油、动植物油及高分子化合物的质谱分析方法与操作技巧等。从中可了解这是一本关于有机质谱分析的应用的书。

第二，确定文献主题。

经过分析，本书的主要主题如下：

有机分析—质谱法—应用—研究

第三，查阅《中图法》类表，依其所属学科归类。

O65　分析化学

O657　　仪器分析法（物理及物理化学分析法）

O657.63　质谱分析

根据分类规则，归入该方法“质谱分析”本身所属的类目，标引结果为O657.63。

③某一（些）事物或学科应用到另一事物或学科，而产生的交叉学科主题的文献，一般归入应用到的领域中的有关类目。

如标引《教育经济学》一书，其分类标引过程如下：

第一，分析文献主题。

内容简介（摘录）：介绍教育经济学的形成与发展、教育与经济发展、教育与人力资本形成、教育与劳动力市场等。

第二，确定文献主题。

经过分析，本书的主要主题如下：

教育经济学—高等学校—教材

第三，查阅中图法类表，依其所属学科归类。

G40　教育学

G40-05　教育与其他科学的关系、教育学分支

G40-054　教育经济学

教育资源、教育投资、教育成本、教育效益、教育经济结构、教育供给与需求等入此。

根据分类规则，归入应用到的领域中的有关类目。标引结果为G40-054。

（2）影响关系主题文献的分类标引。

①论述一个主题对另一主题影响的文献，归入被影响的主题所属的类目。

如标引《气候变化对农业生态的影响》一书，分类标引过程如下：

第一，分析文献主题。

内容简介（摘录）：本书介绍中国的气候变化、气候变化（暖）对农业生态和生态环境的影响等。

第二，确定主题。

经过分析，本书的主要主题如下：

气候变化—气候影响—生态农业—研究—中国

第三，查阅《中图法》类表，依其所属学科归类。

S1　农业基础科学

S18　农业生物学

S181　　农业生态学

根据分类规则，归入被影响的主题“农业生态”所属的类目 S181，所以标引结果为 S181。

②论述一个主题对两个或两个以上主题影响的文献，一般归入产生影响的主题本身所属的类目。

如标引《贫铀武器对人员和环境的影响评价》一书，其分类标引过程如下：

第一，分析文献主题。

内容简介（摘录）：贫铀弹是一种动能武器，它含有的 238U、234U、235U 等同位素以及短寿命衰变子体具有 α、β、γ 放射性，危害人体健康和影响环境。专家对海湾战争、科索沃冲突中使用贫铀武器后进行实地调查、采样与分析监测，证实有多种有害物质，包括贫铀的暴露是导致一些退伍军人产生疾病的主要原因。

第二，确定主题。

经过分析，本书的主要主题如下：

贫化铀—影响—人体—危害研究

贫化铀—影响—环境—评价研究

第三，查阅《中图法》类表，依其所属学科归类。

X51/593　各种环境污染及其防治

…　…

X56　食物污染及其防治

X57　热污染及其防治

X591　放射性物质污染及其防治

…　…

本书讲的是贫铀武器分别对人和环境的影响，所以应归入产生影响的“贫铀武器污染”所属的类目“X591 放射性物质污染及其防治”，则标引结果为 X591。

(3) 因果关系主题文献的分类标引。论述主题之间因果关系的文献，一般归入结果方面的主题所属的类目，如果所造成的结果是多方面的，且能区分出重点主题方面，则归入重点主题所属的类目，否则按原因方面主题所属的类目归类。

如标引《石油效应：全球石油危机的背后 = What's the matter with petroleum?》一书，其分类标引过程如下：

第一，分析文献主题。

从以下书中的部分目录可分析出其主要主题：

部分目录：

第 2 章　石油危机与国际政治、经济格局

第 3 章　石油危机与战争

第 4 章　石油危机与中国能源市场

第 5 章　石油危机与国民经济和百姓生活

第 6 章　石油危机与商业运营

第 7 章　石油危机与投资理财

…　　…

第二，确定主题。

经过分析，本书的主要主题如下：

石油经济—研究—世界

第三，查阅《中图法》类表，依其所属学科归类。

F416　工业部门经济

F416.2　能源工业、动力工业

F416.22　石油、天然气工业

根据分类规则，归入原因“石油经济”所属的类目，标引结果为 F416. 22。

6.3.2　多卷书与丛书的分类标引方法

（1）多卷书的分类标引。多卷书是一种以多卷、辑、册一次出版或逐次出版的文献。一般以多卷书全书内容的学科属性集中归类。若其分卷、辑、册为全书的一个专题，并有独立题名，应增加分析分类。

如标引《川大史学》一书，其分类标引过程如下：

第一，分析文献主题。

内容简介（摘录）：本书是四川大学历史文化学院历年来在史学方面的重要论文集。全书共七卷，分别是该学院科研人员和教师在七个史学领域的代表作。这七个史学领域分别是：中国古代史卷、中国近现代史卷、世界史卷、考古学卷、历史文献学卷、专门史卷、历史地理卷。

第二，确定主题。

经过分析，本书的主要主题如下：

史学—研究—世界—论文集

第三，查阅《中图法》类表，依其所属学科归类。

K1　世界史

K10　通史

K107　　研究、考订、评论

对世界史事件、史料、历史分期等的综合研究、考订、评论入此。

本书为论文集，应依总论复分表复分，“-53”为论文集复分号，按整体内容归类，标引结果为K107-53。

若其分卷、辑、册为全书的一个专题，并有独立题名，应增加分析分类。如《二十世纪中国社会科学》一书有多个专题，有独立题名，分别综述了中国社会科学领域的20世纪百年发展历程。除对其集中标引为C092（中国社会科学史）外，还分别对各卷作分析分类，如对哲学卷、历史学卷、文学卷分别标引为：B261、K092.7、I209.6。

（2）丛书的分类标引。丛书是一种按一定的主题范围汇集多种单独著作，并具有一个总题名的文献。丛书的分类方法有两种，一是集中分类，二是分散分类。

①集中分类标引。即按照整套丛书内容的学科属性集中归类，标引时，除类表中已设立的丛书专类外，均应在分类号后加上丛书复分号，《中图法》的丛书复分号为“－51”。除科普性图书外，还应对其所属的每一种书做分析标引，标引时不加丛书复分号。以下丛书宜集中分类：

● 一次刊行的丛书，或有总书名、总的编辑计划或总目次的丛书，如《四部精要》一书：

四部精要.4，史部一/上海古籍出版社编.——上海：上海古籍出版社，1993

四部精要.1，经部一/上海古籍出版社编.——上海：上海古籍出版社，1993

四部精要.18，集部三/上海古籍出版社编.——上海：上海古籍出版社，1993

四部精要.15，子部四/上海古籍出版社编.——上海：上海古籍出版社，1993

《四部精要》丛书共22册，于1993年一次刊行。第1～3册经部；第4～11册史部；第12～15册子部；第16～22册集部。

第一，分析文献主题。

第二，确定主题。

本书的主要主题如下：

古籍—中国—丛书

第三，查阅《中图法》类表，依其所属学科归类。

Z12　中国丛书
Z121　普通丛书（杂纂丛书）
…　…
Z121.5　清代

所以，标引结果为 Z121.5。

● 学科专业面窄、读者对象明确的丛书，如标引《汽车维修经验系列丛书》，该丛书由以下子目组成：《大众车系维修经验集锦》、《丰田车系维修经验集锦》、《通用车系维修经验集锦》、《奥迪、奔驰、宝马车系维修经验集锦》、《日产、三菱、马自达车系维修经验集锦》、《本田车系维修经验集锦》、《红旗、中华、奇瑞、夏利车系维修经验集锦》、《福特、标致、雪铁龙车系维修经验集锦》。其主题为：汽车—维修—丛书，汽车维修的类号为“U472.4”，加上总论复分表中“-51 丛书（汇刻书）、文库”，《汽车维修经验系列丛书》的标引结果为 U472.4-51。

● 围绕时代、地区、事件、人物编辑，并且内容紧密相关的丛书，如《抗美援朝战争纪实丛书》，标引结果为 E297.5-51。

● 科普性、知识性的丛书，或供中小学生和相当于中小学文化水平的人阅读的丛书，如《原子的世界》一书，其分类标引过程如下：

第一，分析主题并确定主题词。

原子物理学—普及读物

第二，查阅《中图法》类表，依其所属学科归类。

O56　分子物理学、原子物理学
O562　原子物理学

再依总论复分表复分，“-49”为普及读物类号，本书为原子物理学的普及读物，所以标引结果为 O562-49。

② 分散分类标引。即按丛书各册内容分别归类。采用分散归类的丛书主要是学科性和专业性强、学术价值较高的丛书以及内容广泛、各书之间联系不密切的丛书。

例如《百年冲突回眸丛书》，其各卷的学科性和专业性强，各书内容相对独立，包括《经济卷》、《文化卷》、《政治卷》，采用分散分类。所以，上述三卷的分类结果分别为：F0、G115、D81。

6.3.3　工具书的分类标引方法

（1）参考工具书的分类标引。参考工具书主要指字典、词（辞）典、百科全书、类书、年鉴、手册、图谱等，按学科内容有综合性和专科性之分。

①凡综合性内容的工具书入综合性图书有关各类。

如标引《中国百科年鉴》一书，其分类标引过程如下：

第一，分析主题并确定主题词。

该书的主要主题为：

年鉴—中国

第二，查阅《中图法》类表，依其所属学科归类。

Z5 年鉴、年刊

Z52 中国年鉴、年刊

标引结果为Z52。

②凡专科性内容的工具书按其学科内容属性归类，再依总论复分表中有关工具书的类号复分。

如标引《中国水利百科全书》一书，其分类标引过程如下：

第一，分析主题并确定主题词。

本书的主要主题为：

水利建设—中国—百科全书

第二，查阅《中图法》类表，依其所属学科归类。

T 工业技术

TV 水利工程

再加上总论复分表的复分号“-61”，表示名词术语、词典、百科全书（类书）类号，标引结果为TV-61。

再如标引《自然科学大事典》一书，其分类标引过程如下：

第一，分析文献主题。

内容简介（摘录）：分为数学、物理学、化学、天文学、生物学、农学、医学、技术科学、军事科学等部分，共2092条，辑录了世界文明史上的一系列重大的自然科学事件。每个条目记述了自然科学事件发生的时间、地点、人物、过程、成果及其社会效益，对著名科学家的生平也作了简介。

第二，确定主题。

经过分析，本书的主要主题如下：

自然科学—大事记—词典

第三，查阅《中图法》类表，依其所属学科归类。

N 自然科学总论

N6 自然科学参考工具书

N61 名词术语、辞典、百科全书

所以标引结果为N61。

③ 政书的分类。政书是汇编我国历代或某一朝代政治、经济、文化制度方面史料的大型工具书，《中图法》规定入“D69 中国政治制度史”的有关类目。

如标引《帝王家训》一书，其分类标引过程如下：

第一，分析文献主题。

内容简介（摘录）：包含了清康熙帝《庭训格言》、唐太宗《帝范》和清雍正帝《圣谕广训》三部完整的家训，对其进行详细注释和文字通俗的翻译。

第二，确定主题。

经过分析，本书的主要主题如下：

中国—古代—政书—选集

第三，查阅《中图法》类表，依其所属学科归类。

D691 清、清以前政治

D691.5 政书

会典、会要等入此。

本书内容为清及清以前的政治，所以标引结果为D691.5。

（2）检索工具书的分类标引。检索工具书是专供查找文献或事物线索的图书，包括目录、索引、文摘等，可以划分为综合性、专科性、专书或专题性等类型，应按照分类法的规定以及文献组织的需要进行标引。

①综合性的目录、索引、文摘，归入综合性图书类的相应类目。如标引《1991—1995国家重点图书选题概览》一书，其分类标引过程如下：

第一，分析主题并确定主题词，本书的主要主题如下：

书目—中国—1991—1995

第二，查阅《中图法》类表，依其所属学科归类。

Z85 出版发行目录

Z852 中国

依中国时代表分

中国时代表：

7 中华人民共和国（社会主义革命和社会主义建设时期）（1949年~）

75 20世纪90年代（1990~1999年）

依中国时代表分后，标引结果为 Z852.75。

②专科性目录、索引、文摘的分类。《中图法》规定专科、专题书目、索引，也入“综合性图书”类，采用组配编号法。

如标引《古钱索引》一书，其分类标引过程如下：

第一，分析主题并确定主题词。

本书的主要主题如下：

古钱—中国—索引

第二，查阅《中图法》类表，依其所属学科归类。

K85	文物考古
K87	中国文物考古
K875	各种用品器物
K875.6	钱币

Z89 文摘、索引

综合性文摘、索引入此；专科、专题的文摘、索引也入此。

按本分类法体系分，即将各学科的分类号码加于本分类号之后，用组配符号“：”组合。如愿入有关各类，可在各学科的类号后再加总论复分号-7。

所以标引结果为 Z89：K875.6。

如愿入有关各类，可在各学科类号后加上总论复分表号码“-7”。若采用这种方法，其标引结果就为 K875.6-7。

③专书索引。一般应随原书归入相应类目，但马列经典作家本身的索引（如人名索引、篇目索引、主题索引等）归入马列类的有关类目。

如标引《二十四史纪传人名索引》一书，其分类标引过程如下：

第一，分析主题并确定主题。

本书的主要主题如下：

二十四史—人名—索引

第二，查阅《中图法》类表，依其所属学科归类。

K2 中国史

K20 通史

K204 古代史籍

K204.1 纪传体史书合刻

《十七史》、《廿四史》、《廿五史》等史书合刻入此。某一时代史书入各时代史。

所以标引结果为 K204.1-7。

（3）语言工具书的分类标引。

①专科性词典的分类，专科性词典归入有关各类。

标引《牛津法律词典》一书，其分类标引过程如下：

第一，分析主题并确定主题词。

本书的主要主题如下：

法学—词典

第二，查阅《中图法》类表，依其所属学科归类。法律类的类号为 D9。再依总论复分表复分，总论复分表中“-61”为名词术语、词典、百科全书（类书）的类号。

所以标引结果为 D9-61。

②语言工具书（除专科性词典以外）集中归入语言学有关类目。

● 一种语言的词典，按其语种入该语种有关各类。

例如：The Penguin English Students' Dictionary，其分类标引过程如下：

第一，分析主题并确定主题词。

本书的主要主题为：

英语—词典

第二，查阅《中图法》类表，依其所属学科归类。

H3　常用外国语
H31　　英语类
H316　　　词典

标引结果为 H316。

● 两种外语对照的词典入被解释的语种，汉语与少数民族语言或外语对照的词典则归入相应的少数民族语言或外语有关类中。

如标引《汉蒙词典》一书，其分类标引过程如下：

第一，分析主题并确定主题。

本书的主要主题为：

蒙古语—汉语—词典

第二，查阅《中图法》类表，依其所属学科归类。

H211/289 中国各少数民族语言
　　　均依下表分。

…	…
5	写作、修辞
59	翻译
6	词典
…	…

H211	少数民族古语言
H212	蒙古语
H214	藏语
H215	维吾尔语
H216	苗语
H217	彝语
…	…

根据分类规则，归入“蒙古语词典”所属类目，标引结果为 H212. 6。

● 三种以上语言对照的字、词典入语言文字类的词典类下。

标引《英法德俄汉词库 = English—French—German—Russian—Chinese Dictionary》，本书为五种语言对照的词典，入语言文字类的词典类“H061 词典”。

H0 语言学

H06 词典学

H061 词典

三种及三种以上语言对照的词典入此。

标引结果为 H061。

本章习题

(1)《护卫生命的尊严：现代生物技术中的伦理问题研究》

(2)《阴阳五行数学及其在中医学上的应用》

(3)《信息伦理学》

(4)《南水北调中线工程对水源区水沙及生态影响研究》

(5)《药物引起的神经精神不良反应》

(6)《医用化学》

(7)《世界通史教程教学参考》分为古代卷，近代卷，现代卷

(8)《中国 20 世纪全史》第 5 卷全民抗战（1937—1945）

(9)《不列颠家庭医疗保健百科全书》

(10)《核能与核技术》

(11)《蒋氏家族全传》

(12)《全国高等学校图书馆工作会议文集》

(13)《fly 一族：生于70年代》

(14)《中国社会生活丛书》舞蹈篇

(15)《台湾海峡两岸的经济发展》

7 网络信息分类法的调查分析

分类在传统的文献管理中一直起着举足轻重的作用，在网络环境下也同样是规范、优化信息的有效手段。网络分类的本质是目录分类，它是由网络开发者对其所收集的网络信息资源进行组织整理，并和检索法集成在一起的信息查询方式。它一般由人工方式采集信息，以某种分类体系为依据，并通常按网络资源的主题性质进行分类，将信息资源分为若干领域的主题范畴，然后再细分为各学科专题目录，最后列出具体的相关网站资源，形成一个由信息链组成的树状结构，即总目—专题目录—链接—文本。

7.1 实验目的及要求

(1) 加深对网络信息分类法的理解；

(2) 调查分析国内外网络信息分类的现状。

7.2 实验内容

(1) 选择某一网络分类系统，对其类目设置、排列、链接层次等进行调查分析。

(2) 通过调查，分析网络信息分类法存在的主要问题。

7.3 实验操作指导

本实验包括以下内容：

(1) 网络信息分类法的类目设置，包括其大类设置、类目层次和类目展开体系；(2) 传统分类法在网络信息组织中的应用。

7.3.1 网络信息分类法的类目设置

(1) 大类设置。当前的网络信息分类法主要体现为各大网站和大型搜索引擎的分类导航系统，它们多是将几种分类法融合使用，通常采用自建的方式创建大类，对于其中的某些类目采用学科分类、分面分类或者体系分类等其他方法。一般而言，网络信息分类的类目在 15 ~ 20 个。

以“搜狐”(Sohu) 的分类目录为例（见图 7-1），其网页分类目录分 15 个大类，分别是：娱乐休闲、电脑网络、卫生健康、工商经济、教育培训、生活服务、公司企业、艺术、社会文化、文学、新闻媒体、政法军事、体育健身、科学技术、社会科学。其中“科学技术”和“社会科学”等类目借鉴了学科分类与体系分类的方法。

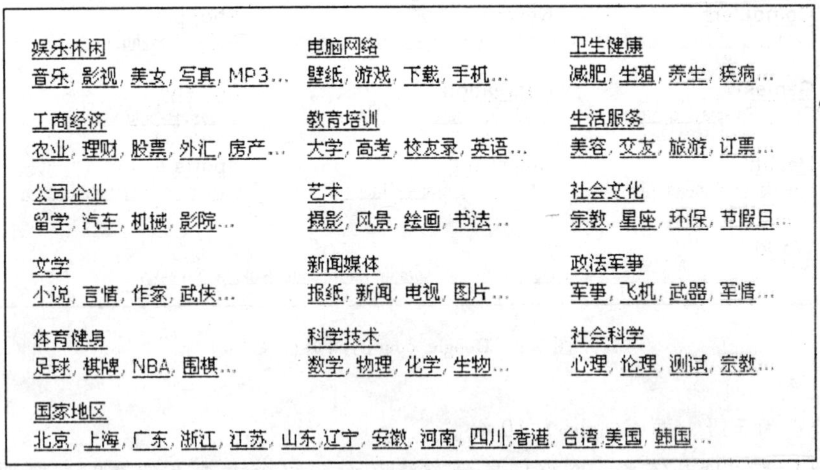

图 7-1　搜狐网页分类目录

Google 也以网页主题对互联网信息资源进行了归类，形成了自己的网页分类目录，力图建成全球最大的人工网页目录，并为此设立了“开放目录计划（Open Directory Project）”，它是由来自世界各地的志愿者共同维护与建设的最大的全球目录社区，将是互联网上最大的、最广泛的人工目录。

Google. com 的目录（见图 7-2）划分了 15 个大类，分别为：艺术、家庭、地区、商业、儿童与青少年、科学、计算机、新闻、购物、游戏、娱乐、社会、健康、参考和体育。此外，Google 还在页面最下方设了“World”一栏，分别列出了各种语言的 Google 目录。

通过上述两个实例可以看出目前的网络信息分类法的特点：一方面，网络信息分类在列类时侧重人们的日常生活需要、类名措辞通俗易懂、多角度重复列类并设置镜像类目、体系力求新颖，应变及时。另一方面，网络信息分类法分类体系覆盖能力较差，列类缺乏严密性和逻辑性，类名措辞随意，一味强调吸引力等缺点。

（2）类目展开层次。网络信息分类法体系展开的层级决定分类导航系统的详略程度，分类层次越多越深，每个类目下信息相关性越高，但同时会增加用户点击次数。目前，一般将分类体系的层次控制在 3～6 级。例如搜狐目录的最高

Arts Movies, Music, Television,...	**Home** Consumers, Homeowners, Family,...	**Regional** Asia, Europe, North America,...
Business Industries, Finance, Jobs,...	**Kids and Teens** Computers, Entertainment, School,...	**Science** Biology, Psychology, Physics,...
Computers Hardware, Internet, Software,...	**News** Media, Newspapers, Current Events,...	**Shopping** Autos, Clothing, Gifts,...
Games Board, Roleplaying, Video,...	**Recreation** Food, Outdoors, Travel,...	**Society** Issues, People, Religion,...
Health Alternative, Fitness, Medicine,...	**Reference** Education, Libraries, Maps,...	**Sports** Basketball, Football, Soccer,...
World Deutsch, Español, Français, Italiano, Japanese, Korean, Nederlands, Polska, Svenska, ...		

图 7-2　Google. com 的网页目录

类目级别为 5 级，而 Google 为 10 级。

(3) 类目展开体系。网络信息分类法在设置每个大类下位类时，既要考虑到用户的一般习惯和喜好，同时需要保留某些类目原有的知识体系（如科学技术的类目），往往采用传统的体系分类法或者科学分类的体系，适当改动部分类名，使得类目体系更容易为普通用户所接受。

仍然以搜狐和 Google 为例，图 7-3 和图 7-4 分别是搜狐的数学类目和 Google 的图书情报学类目。可以看出，在组织网络上涉及某个具体学科/专业的信息时，搜狐沿用学科分类体系，适当对一些类目进行修改，如在数学中就加入了“报刊/杂志”和“研究机构”两类；Google 的图书情报学类目则对这一学科原有的知识分类体系进行了较大的修改。

▸ 数学 -收录了基础数学、计算数学、应用数学、概率论与数理统计、运筹学与控制论等领域的相关网站。

·数理逻辑/基础(12)	·拓扑学(32)	·运筹学(36)	·混沌与分形(3)
·组合数学(4)	·数学分析(25)	·计算数学(9)	·小波(3)
·数论(14)	·微积分(8)	·信息论/控制论(3)	·报刊/杂志(16)
·代数(19)	·概率论(14)	·集合论(4)	·研究机构(28)
·几何学(21)	·数理统计(11)		

图 7-3　搜狐数学分类目录

通过对网页目录的实例分析可以看出，与传统分类法相比，网络信息分类法直接用自然语言的语词组织信息，以事物/主题为中心划分体系，采用多元划分、多维展开的方法，具有很大灵活性。同时，其类目划分不规范，类目间逻辑关系

Archives (449)	Information Retrieval (115)	Research Organizations (36)
Associations (145)	Intellectual Freedom (78)	Resource Sharing (54)
Chats and Forums (26)	Intellectual Property (23)	Schools (99)
Conferences (20)	Journals (76)	Software (137)
Digital Library Development (98)	Knowledge Management (1487)	Subject Specialties (67)
Directories (11)	Librariana (97)	**Technical Services** (393)
Employment (81)	Librarians (107)	User Services (138)
Equipment (36)	Library History (58)	**Weblogs** (310)
Government Documents (33)	LIS Libraries (6)	

图 7-4　Google 图书情报学分类目录

揭示不清晰，类名表达不确切是其不足之处。

7.3.2　传统分类法在网络信息组织中的应用

以文献分类法为工具的网络资源检索服务系统，从学科角度揭示网络信息，成为组织网上学术性知识内容的主要应用模式。这方面，国外的理论和实践均走在我国前列。

分类法在网络信息上的应用，大体有两种类型：一是以某部分类法为依据，经过改造后作为组织网络信息的主体，建立浏览结构；二是在设计分类导航系统时，在整体上或局部上参考文献分类法的类目体系，这是主要应用形式。文献分类法直接用于网络信息组织（网站、搜索引擎），目前处于起步阶段。

传统文献分类法是一个完整的知识分类体系，类目间逻辑关系严密，并且通用性强，其编制和运用都已经成熟，加之目前它正向着电子化和分类-主题一体化发展，更有利于组织网络信息。

在众多用于网络资源组织的分类法中，杜威十进分类法（Dewey Decimal Classification，以下简称 DDC）是应用最广的分类法。下面以 DDC 在 BUBL 中的应用为例说明传统文献分类法在组织网络信息中的应用。

BUBL LINK（Bulletin Board for Libraries）即图书馆公告板，由苏格兰 Strathclyde University 数字图书馆研究中心创建，是以图书馆学和信息科学信息资源为主，采用 DDC 组织信息资源，同时涵盖各个学科领域的 Internet 资源的主题网关，提供学术性、高质量的网络资源。

本着易用、实用的原则，为了使类目体系更加贴切、更清楚地反映网络信息资源，网站对类目进行了必要的调整，同时采用类下说明的方法，为用户指示类目范围及其资源特点（见图 7-5）。

BUBL LINK 的类目深度为 3 级，简单明了，方便终端用户检索需求。同时，保证每个学科至少包括 5 条相关信息，最多达 35 条信息，体现了分类法的“文献保障原则”。在类目设置中，采取在原有类号下直接以关键词增设新类、一屏同时显示多个等级类目，以及按照相互关系排列同位类的方法和简化类名的方法

图 7-5　BUBL LINK 首页

(见表 7-1)，方便用户利用。

表 7-1　**DDC 与 BUBL LINK 的类名比较**

	DDC	BUBL LINK
000	Computers, Information & General Reference	Generalities
100	Philosophy & Psychology	Philosophy & Psychology
200	Religion	Religion
300	Social Sciences	Social Sciences
400	Language	Language
500	Sciences	Sciences and Mathematics
600	Technology	Technology
700	Arts & Recreation	The Arts
800	Literature	Literature and Rhetoric
900	History & Geography	Geography and History

网络信息分类法主要为用户提供分类的导航式浏览，然而目前出现两种截然不同的局面：一是一些门户网站和搜索引擎逐渐放弃了提供用户浏览的网页目录(如中文雅虎、网易等)；二是 Google 却致力于建设全球最大的人工目录。这两种对网络信息分类截然不同的态度，应当引起我们的思考。

本章习题

(1) 给出表中 4 个网站的分类目录数量、各个大类的具体名称，指出其类目说明方式（文字简介/类目列举）、分类目录的层级数，完成下表。

网站名	类目数量	基本类目名称	类目说明方式	类目层级
Sina				
Google. cn				
蕃薯藤				
Yahoo!				

注：也可以选择其他网站，但至少有一个外文网站。

（2）列出 Yahoo!（英文）图书馆学的分类类目、新浪网关于教育的类目、蕃薯藤关于医学的类目，分别指出它们的链接层次各有几层，完成下表。

网站名	链接层次	类名
Sina 教育		
蕃薯藤　医学		
Yahoo! 图书馆学		

注：也可以选择其他网站或者某个具体类目，但至少有一个外文网站。

（3）调查网络信息分类的现状，谈谈你的看法。

提示：角度不限，要求 500～1000 字，可以针对其中某个具体方面谈谈自己的看法。诸如，传统分类法应用到网络信息分类应该注意什么，二者的区别（包括分类对象、编制方法、功能、标记制度等），设计一个网站的分类目录并说明理由，针对一些网站放弃网页分类目录谈谈看法等。

（4）根据调查，提交一份关于网络信息分类法的实验报告。

题目自拟，内容要与网络信息分类相关，不少于 4000 字，要求格式规范（中英文题名、文摘、关键词、作者、著录规范等），课后完成。

8 同类书书次号的编制

书次号亦称同类书区分号，是为了使同类书个别化，以确定同一类中各种不同图书的次序而编制的号码，是分类索书号的组成部分之一。

目前，在我国使用最普遍的有两种，即著者号和种次号。著者号是为集中同一著者的不同著作而按照著者姓氏的字顺或笔画所取的号码。它的编制方式有查号法和拼号法两种。目前我国国内影响最大的著者号码表是《通用汉语著者号码表》。种次号是以图书的“种”为单位，依据同类图书分编的先后次序，对每种图书所取的顺序号，其取号方法比较简单，现在，许多计算机集成分编系统可实现自动配号。

8.1 实验目的及要求

(1) 了解同类书的各种区分方法。

(2) 熟悉《通用汉语著者号码表》的取号方法。

(3) 掌握各种辅助区分号的取号方法。

8.2 实验内容

(1)《通用汉语著者号码表》的取号方法。

(2) 译著者、卷次号及版本区分号的取号方法。

(3)《中图法》规定的同类书排列的取号方法。

8.3 实验操作指导

本实验包括以下 3 部分：书次号的取号方法、辅助区分号的取号方法以及《中图法》规定的同类书排列的取号方法。

8.3.1 书次号的取号方法

(1) 查号法著者号码表的取号方法。主要介绍《通用汉语著者号码表》的取号方法，该表由主表和著者复分表（见表 8-1）两部分构成。主表共收汉字 2867 个，对需要分配多个号码的汉字编制了著者复分表。该表的著者号码采用的是由一个汉语拼音首字母和三位阿拉伯数字组成的混合号码。另外，该表还收录了少量地区名称和机关团体名称。

表 8-1 《通用汉语著者号码表》著者复分表

		0	1	2	3	4	5	6	7	8	9
②	双名	A-P	Q-Z								
	单名	a,e,g,i,m	n,o,r,u,ü								
③	双名	A-J	K-T	W-Z							
	单名	a,e,g	i,m	n,o,r,u, ü							
⑤	双名	A-G	H-L	M-R	S-X	Y-Z					
	单名	a,e	g	i,m	n	o,r,u,ü					
⑩	双名	A-E	F-G	H-J	K-L	M-P	Q-R	S-T	W-X	Y	Z
	单名	a	e	g	i	m	n	o	r	u	ü
		0	1	2	3	4	5	6	7	8	9

其中，复分表适用于分配有多个号码的汉字的定号。表左边的②③⑤⑩为正表中所标注的分段号（相当于该段占有的号码个数）；上、下边的 0～9 数字是复分号。双名栏适用于双名著者依名字第二字的首字母取复分号，单名栏适用于单名著者依名字的尾字母取复分号。

《通用汉语著者号码表》是目前我国国内影响最大的汉语拼音著者号码表，被大多数图书馆所采用。

①二字著者的取号方法。二字著者，如果其第一字在表中只有一个号码，就取该号码；如果在表中有多个号码，则依其第二字首字母或整个音节决定取哪一区段的号码；如果某一区段配有不只一个号码（圈号中的数字是配给该区段的号码个数），则依据第二字的尾字母以及该区段所占的号码数，从著者复分表中单名栏查出其序号与该区段号码相加，即为其实际的著者号。当第二字没有尾字母（即该字的拼音只有一个字母）时，则以该字字母下的第一个号码定为著者号。

以“琼瑶”为例进行说明。从正表中查到“琼”字，按其“瑶”的首字母“Y”查得号码为“Q696③”，在复分表③单名栏按“瑶”字的尾字母“o”查得复分号是“2”，将 Q696 加上 2 等于 Q698，即对于“琼瑶”所取的著者号为 Q698。

②三字著者的取号方法。三字著者，如果其第一字在表中只有一个号码，就取该号码；如果在表中有多个号码，则依其第二字首字母或整个音节决定取哪一

区段的号码；如果某一区段配有不只一个号码，则依据第三字的首字母以及该区段所占的号码数，从著者复分表中双名栏查出其序号与该区段号码相加，即为其实际的著者号。

以“钱钟书”为例进行说明。从正表中查到“钱”字，按其“钟”的首字母“Z”查得号码为“Q270⑩”，在复分表⑩中双名栏按“书”字的首字母“S”查得复分号是“6”，将 Q270 加上 6 等于 Q276，即对于“钱钟书”所取的著者号为 Q276。

③四字以上著者的取号方法。四字以上著者依其前三字并仿照三字著者取号。另外，机关团体著者在表中已列有专号者一律取专号，无专号者按名称前三字取号。

以“武汉大学图书馆”为例进行说明。查正表得出“武汉大学”配有专号“W960”，按其“图”的首字母“T”查得号码为“W964③”，在复分表③双名栏按“书”字的首字母“S”查得复分号是“1”，将 W964 加上 1 等于 W965，即对于“武汉大学图书馆”所取的著者号为 W965。

④人物传记的取号方法。《通用汉语著者号码表》规定，人物传记依被传人取号。

以《鲁迅传》为例进行说明，按规定人物传记依被传人取号。由于“鲁迅”的著者号为 L824，故《鲁迅传》的著者号为 L824。

（2）拼号法著者号码表的取号方法。拼号法又可分为音序拼号法和形序拼号法两种。

①音序拼号法。以蒋完奎的音序拼号法《著者号码表》（见表 8-2）为例，此种取号方法主要有三种：

第一，以著者姓名的每个字的首字母代码为号；第二，先取著者姓氏的首字母，再按著者名中首字母代码取号；第三，取著者姓与名的首字母为号。

表 8-2 **《著者号码表》**

1	2	3	4	5	6	7	8	9	0
ABC	DEF	GHI	JKL	MN	OPQ	RST	UVW	XYZ	空位

如要分别给出“李开复”与“于丹”的著者号。查表“李”对应的字母为“L”，其对应代码为“4”，“开”对应的字母为“K”，其对应代码为“4”，“复”对应的字母为“F”，其对应代码为“2”，所以，按上述 3 种方法，对于“李开复”所取的著者号分别为 442、L42、LKF。同样的原理，对于“于丹”所取的著者号分别为 92、Y2、YD。

② 汉字形序拼号法。以《四角号码著者号码表》为依据，此种方法是按汉字形位的特征，将汉字分为10种笔形，分别用0~9表示。其口诀是“横1、竖2、3点捺，×4插5方框6，7角八8九是小，点下有横变0头”。

以“书”、“陈”、“花”三个字四角号码的取号方法进行说明。“书”的左上角起笔笔形是“一笔穿过两笔（插，取“5”），右上角起笔笔形是“点”（取“3”），左下角起笔笔形已用过，根据规则取“0”，右下角起笔笔形“竖”（取“2”）。同样原理取“陈”与“秋”的四角号码。这三字对应的四角号码分别如下所示：

$$ {}^{5}_{0}\text{书}^{3}_{2} \qquad {}^{7}_{2}\text{陈}^{4}_{9} \qquad {}^{4}_{2}\text{花}^{4}_{1} $$

再依次按照“左上→右上→左下→右下”四角号码取号顺序进行组合，“书”对应的四角号码为5302、“陈”为7429、“花”为4421。

8.3.2 辅助区分号的取号方法

以下文献均按照《中图法》（第四版）进行分类标引，其著者号均采用《通用汉语著者号码表》进行取号。

（1）译/注者区分号的取号方法。当某一文献有不同的译注本，由于其类号与著者号相同，所以还必须进一步区分。

《通用汉语著者号码表》规定：同一著者的不同注释本、译本用前置符号单横“-”与数字区分（第一种著作不作区分标示）。要注意，一种著作无论是原本，还是不同注释本、不同译本等，都分别算作不同的版本。不管何种版本首先入藏，都算作第一种。若注释本先入藏，而原本后入藏，则原本成为第二种。

如某图书馆所藏的《呼啸山庄》（勃朗特·E. 著）一书，分别有曹志、杨苡、方平等进行翻译的译本。曹志译的《呼啸山庄》先入藏，其类号及著者号为：I561.44/B528，后两种书依入藏的先后次序，其分类索书号分别为I561.44/B528-2、I561.44/B528-3。

（2）卷册区分号的取号方法。卷册区分号是指对同一种书不同卷册给予的区分号。《通用汉语著者号码表》规定：同一著作的卷、册区分号，用前置符号冒号“:”和卷册数序区分。如果是分卷再分册，则用圆点“.”加以区分。

如某图书馆收藏姚雪垠著小说《李自成》（共5卷），其分类号与著者号为I247.5/Y347，第一卷的索书号为：I247.5/Y347：1，该书第二卷第三分册的索书号为I247.5/Y347：2.3。

（3）版本区分号的取号方法。版本区分号是指对一种书的不同版本所给予的区分号。《通用汉语著者号码表》规定：同一著作的不同版次，用等号“=”加上数字区分。从第二种起，依次顺序编号区分（第一种版次不作标示）。

如某图书馆收藏《C++程序设计教程实验指导》（钱能编，清华大学出版社）的1999年版，其索书号为TP312C-42 /Q222，又采集该书的第二版（2007年版），其索书号为TP312C-42 /Q222 =2。

8.3.3 《中图法》规定的同类书排列的取号方法

使用书次号时，应严格按照著者号码表或种次号编制方式来取著者号或种次号，但如果文献分类法中通过类目注释对书次号的取号方法作了明确规定，建议依规定取号。

《中图法》中对于同类书的取号方法主要有4种：第一，按年代排；第二，按会议届次排；第三，按事物名称排；第四，按字母排列。以下分别介绍按年代和事物名称排列的同类书取号方法。

（1）按年代排的取号方法。一般以年份的后两位数加上两位月份数共同组成。例如，《中图法》“A121/125”类下所规定按年代排的同类书区分方法如下：

A12　单行著作

以下子目的同类书排列，按写作年代顺序排。多卷书以第一卷的写作年代为准。例：马克思、恩格斯合著的《共产党宣言》（1848年1月）编号为A122/4801，恩格斯著的《反杜林论》（1878年）编号为A124/7800。

标引《资本论》第一卷（马克思著，1867年7月）类号为A123，按年代顺序排，书次号为6707。

（2）按事物名称排的取号方法。这种取号方法是按机构名称、企业名称、铁路线名称、叙词表名称等事物名称的字顺进行排列的。如《中图法》“G254.123”类下所规定的按名称排的同类书区分方法如下：

G254.12　分类表

G254.123　专业分类表

依分类表名称排。

如两种专业分类表《云林佛教图书分类法》与《地质图书分类法》的分类号均为G254.123，按“依分类表名称排”的注释，若采用以事物名称的前4位汉语拼音首字母为序进行排列，则《云林佛教图书分类法》的书次号为YLFJ，《地质图书分类法》的书次号为DZTS。

本章习题

（1）以表8-2的蒋完奎音序拼号法《著者号码表》为依据，给出“杜定友"、"刘国钧"对应的著者号。

(2) 以《四角号码著者号码表》为依据，请写出"张"、"香"、"邱"对应的四角号码。

(3) 以《通用汉语著者号码表》为依据，请写出"李广"、"郑也夫"对应的著者号。

(4) 以《通用汉语著者号码表》为依据，请写出"兰卡斯特"对应的著者号。

(5) 以《通用汉语著者号码表》为依据，请写出"武汉大学教务处"对应的著者号。

(6) 以《通用汉语著者号码表》为依据，请写出"中华人民共和国农业部"、"中国共产党湖北省委员会"对应的著者号。

(7) 以《通用汉语著者号码表》为依据，请写出《孙中山生平事迹》的书次号。

(8) 以《通用汉语著者号码表》为依据，请写出《中国共产党第十届党章》的书次号。

(9) 请给出《中国植物学年鉴》(1999)(分类号为 Q94-54/Z664) 与《中国地理学年鉴》(1998 年第一册)(分类号为 K9-54/Z554) 的卷册区分号。

9 Libsys中分编模块的操作

图书馆管理系统是实现图书馆工作现代化的基础，是保证信息资源共建、共享的重要手段。编目模块是图书馆自动化集成管理系统中必不可少的部分，目前图书馆的分编工作已基本实现自动化。

9.1 实验目的及要求

（1）了解 Libsys 分编模块的特点与功能；

（2）掌握 Libsys 分编模块的使用方法，能在系统中分类取号。

9.2 实验内容

（1）上机操作，掌握汇文系统中分编模块的操作方法；

（2）使用 Libsys 的分编模块完成 10 种文献的分类取号。

9.3 实验操作指导

9.3.1 Libsys 简介

Libsys 是江苏汇文软件有限公司研制开发的图书馆行业的信息管理系统，目前拥有用户 380 多家，其中包括教育部公布的 34 所“985”学校中的 11 所，95 所“211”学校中的 33 所，是目前国产同类软件中用户较多的图书馆管理系统之一。

Libsys 共有 8 个子模块：采访模块、编目模块、典藏模块、流通模块、期刊模块、系统管理、OPAC 查询和统计模块。分编工作使用编目模块，其编目模块界面友好，操作简单。

9.3.2 Libsys 的两种编目方式

（1）套录编目。所谓套录编目，是指对文献进行编目时，从外部数据库获得与本馆文献相符的源记录，根据本馆实际情况做必要的修改，添加本馆馆藏信息项，使之成为本馆记录。

Libsys 提供了 3 种套录方法：

①利用外来数据套录。外来标准 MARC 数据，是我们利用外部资源加快本地编目工作的一个重要数据来源，目前国内已有许多商品化的标准数据源，图书馆在采购图书时，书商一般也随书配送数据，供编目人员在编目过程中利用，提高编目效率。

②利用网上资源和 CALIS 联合目录数据库下载实时数据进行套录。汇文系统内嵌 Z39.50 模块，可以直接访问因特网上任意的 Z39.50 服务器，获取 MARC 记录，并直接粘贴到编辑屏中。

③直接从 Web 浏览器中粘贴 MARC 格式记录。目前一些比较成熟的图书馆自动化管理系统的 OPAC 不仅可以在 Web 浏览器中详细提供所需文献的馆藏地、复本量、借阅情况等，还可以提供该文献的 MARC 格式。用鼠标左键把 MARC 部分抹蓝复制，直接粘贴覆盖在汇文编目的 MARC 上。

（2）原始编目（简称原编）。没有外来数据可供套录的，就要进行原始编目，原始编目是对文献的内容、特征逐一进行描述与标引的一系列工作。汇文系统按照 CNMARC 格式提供中文图书、期刊等文献的编目模板，按照 USMARC 提供西文文献的编目模板，可以直接在相应字段中按照编目规则填写。

9.3.3　分类字段著录及取号流程

在 Libsys 系统中，编目工作分为正常批量编目和回溯新增编目两种情况。

正常编目是利用采访数据进行编目。在前期的采访工作中，上一环节的工作人员已经建立了相应的 MARC 记录，编目人员在文件功能选项中，选中读采购交接单，得到当前送编批次的所有图书，再从批次列表中选择要编目的记录。回溯编目是对无采访数据的文献进行编目。

无论是正常编目还是回溯编目，在分类取号前都要先进行查重。如果数据库中已有该种文献，则直接使用原来的分类号和索书号，不需重复分类取号。

（1）原编分类字段著录流程。

①正常编目：点击文件菜单→读交接单→选定图书批次号→点编目→出现本批次图书→编辑当前 MARC→在相应字段输入分类号和分类法版次→保存

②回溯编目：选择 CNMARC 或 USMARC 模板→编辑当前 MARC→在相应字段输入分类号和分类法版次→保存

（2）取号流程。

①正常编目取号：切换显示业务窗口→选中一条财产信息→双击打开分配索书号窗口→新增索书号→F1 自动取号→确定。

②回溯编目取号：切换显示业务窗口→添加复本→进入回溯→添加窗口→新增索书号→F1 自动取号→确定。

如果通过套录获得 MARC 数据，需对分类进行审核，同时查询本馆书目库中同类书的归类，以保证同类书分类的一致性。对多卷书、丛书分类时，除了以总书名、丛书名查重外，还要以分册题名查重，以保证著录和分类的一致性。如果分类有误，则修改分类号。分类确定后保存 MARC，然后给定索书号。如果既不是复本，也没有可套录的数据，则需进行原编。先对文献进行分类，然后在汇文系统中著录到相应字段。著录完成后保存 MARC，然后给定索书号。

9.3.4 分类相关字段介绍

(1) 在 CNMARC 中，690 字段名称为中图法分类号，692 字段名称是科图法分类号。在■a 子字段著录分类号，在■v 子字段著录分类法版次，目前图书馆使用的是《中国图书馆分类法》（第四版），因此 690 字段的■v 后著录“4”（见图 9-1）。

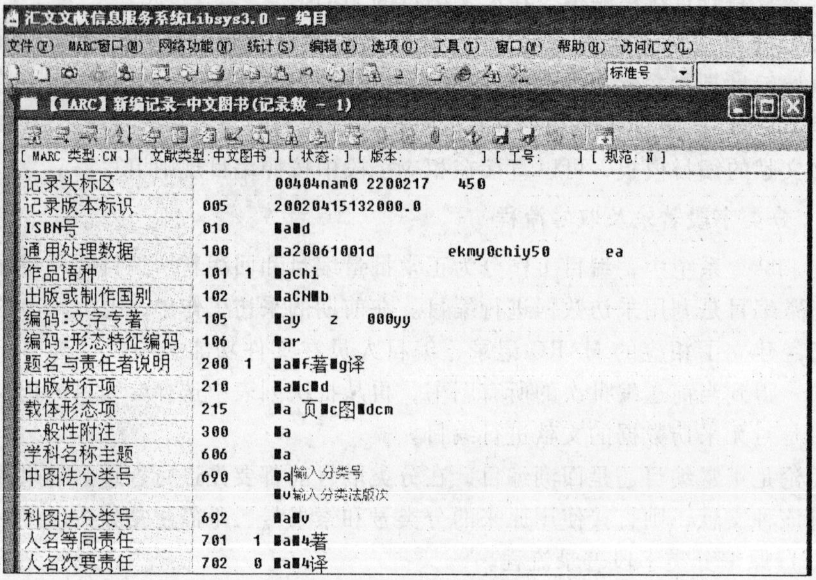

图 9-1 中文图书著录模块

(2) 在 USMARC 中，082 字段名称为杜威十进分类号，093 字段名称是中图法分类号。在■a 子字段著录分类号，在■2 子字段著录分类法版次（见图9-2）。

9.3.5 MARC 格式示例

(1) 中文机读目录格式 CNMARC。当有多个分类号时，重复著录 690 字段（见图 9-3）。

(2) 美国机读目录格式 USMARC。在 USMARC 中，杜威十进分类法类号著录在 082 字段（见图 9-4）。

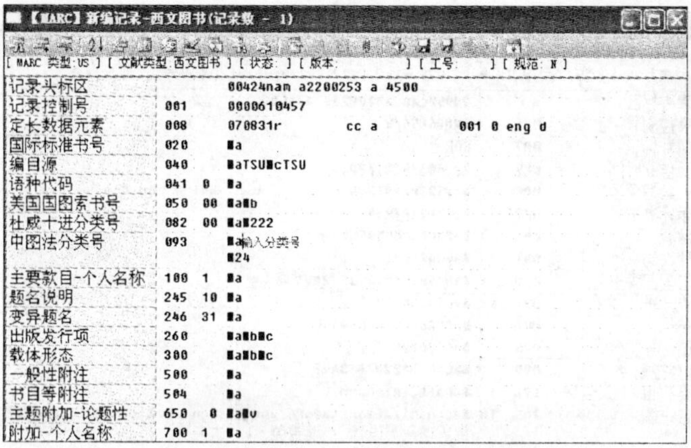

图 9-2 西文图书著录模块

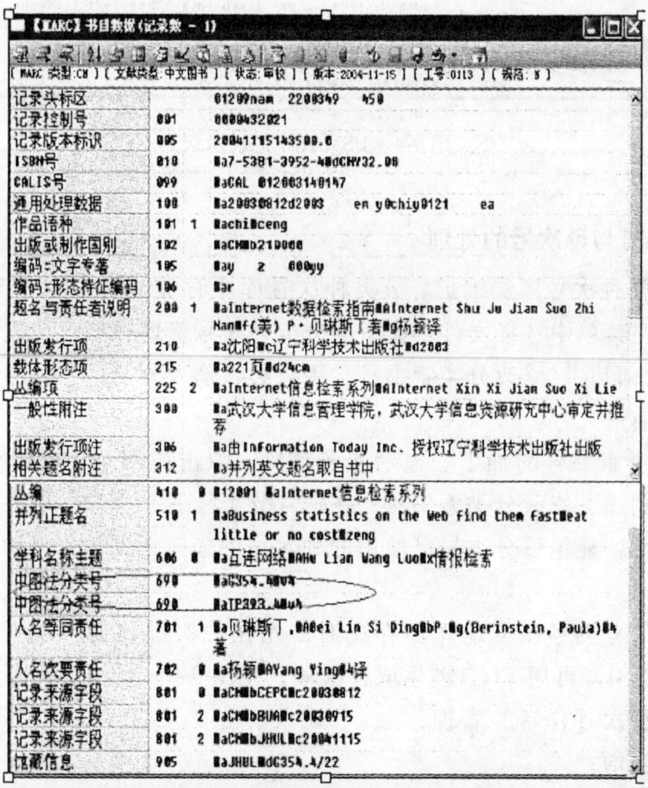

图 9-3 CNMARC 记录示例

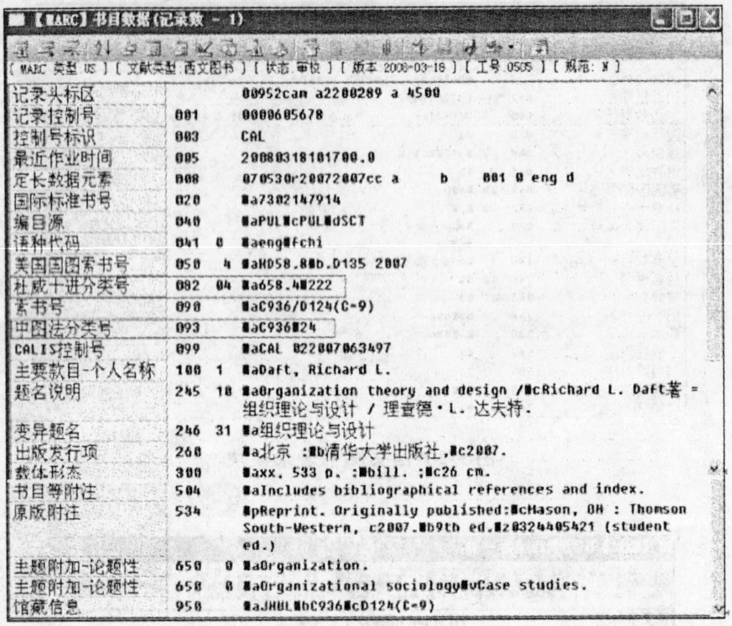

【MARC】书目数据(记录数 - 1)

[MARC 类型 US] [文献类型:西文图书] [状态:审校] [版本 2008-03-18] [工号 0505] [规范: N]

记录头标区			00952cam a2200289 a 4500
记录控制号	001		0000605678
控制号标识	003		CAL
最近作业时间	005		20080318101700.0
定长数据元素	008		070530r20072007cc a b 001 0 eng d
国际标准书号	020		■a7302147914
编目源	040		■aPUL■cPUL■dSCT
语种代码	041	0	■aeng■fchi
美国国图索书号	050	4	■aHD58.8■b.D135 2007
杜威十进分类号	082	04	■a658.4■222
索书号	090		■aC936/D124(C-9)
中图法分类号	093		■aC936■24
CALIS控制号	099		■aCAL 022007063497
主要款目-个人名称	100	1	■aDaft, Richard L.
题名说明	245	10	■aOrganization theory and design /■cRichard L. Daft著 = 组织理论与设计 / 理查德·L. 达夫特.
变异题名	246	31	■a组织理论与设计
出版发行项	260		■a北京 :■b清华大学出版社,■c2007.
载体形态	300		■axx, 533 p. :■bill. ;■c26 cm.
书目等附注	504		■aIncludes bibliographical references and index.
原版附注	534		■pReprint. Originally published:■cMason, OH : Thomson South-Western, c2007.■b9th ed.■z0324405421 (student ed.)
主题附加-论题性	650	0	■aOrganization.
主题附加-论题性	650	0	■aOrganizational sociology■vCase studies.
馆藏信息	950		■aJHUL■bC936■cD124(C-9)

图 9-4　USMARC 记录示例

9.3.6　索书号与种次号的处理

（1）分类种次号库的维护。分类种次号库中存放分类号以及对应的当前最大种次号，在菜单中选择文件功能下的分类种次号管理选项，功能是在分类种次号库中新增、删除、修改分类索书号。用户必须输入分类号、分类法类型、种次号前缀、当前最大号。

（2）分类索书号的加工。显示业务窗口，双击或回车，弹出分配索书号窗口，新增、删除、修改分类索书号，在输入分类号后，程序即可根据分类号对照分类种次号库，显示该分类号已使用的种次号供选择，更新分类种次号库，见图 9-5。

当一书的分类号在本地库不存在时，先在种次［作者］管理中新增该类，将最大号设为 0，再用 F1 自动生成种次号，见图 9-6。具体步骤为：

①点击种次［作者］管理；

②点击新增；

③输入分类号，最大号取 0；

④确定后退出；

⑤按 F1 自动生成种次号（光标在分类号“/”后）；

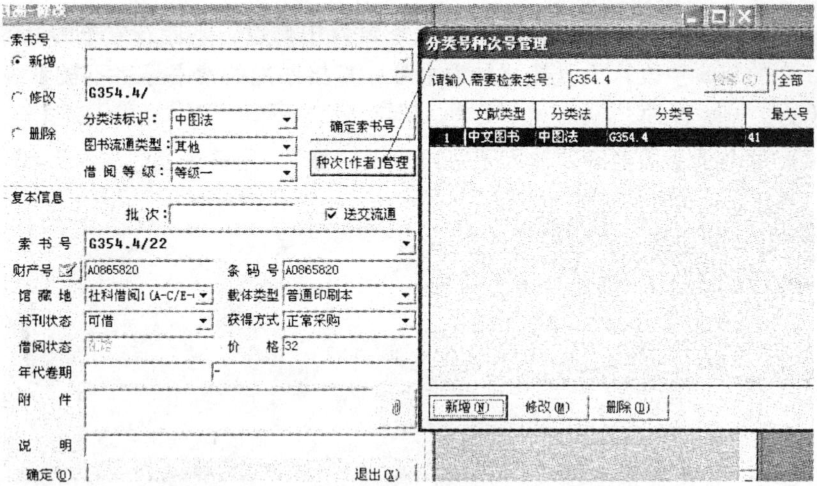
索书号
新增
修改
删除
G354.4/
分类法标识：中图法
图书流通类型：其他
借阅等级：等级一
确定索书号
种次[作者]管理
复本信息
批次：
送交流通
索书号 G354.4/22
财产号 A0865820
条码号 A0865820
馆藏地 社科借阅I(A-C/E-
载体类型 普通印刷本
书刊状态 可借
获得方式 正常采购
借阅状态
价格 32
年代卷期
附件
说明
确定(O)
退出(X)
分类号种次号管理
请输入需要检索类号: G354.4
全部
文献类型
分类法
分类号
最大号
1 中文图书 中图法 G354.4 41
新增(N)
修改(M)
删除(D)

图 9-5

⑥确定。

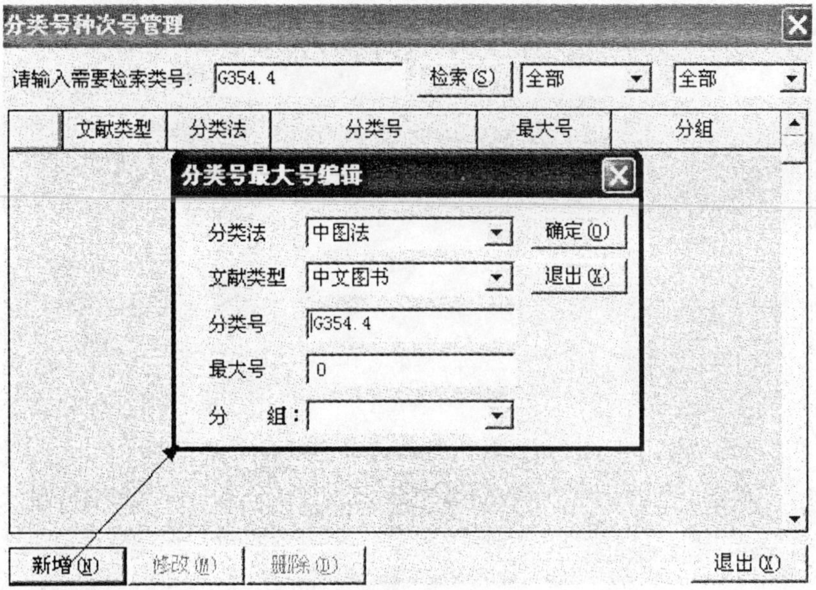
分类号种次号管理
请输入需要检索类号: G354.4
检索(S)
全部
全部
文献类型
分类法
分类号
最大号
分組
分类号最大号编辑
分类法 中图法
确定(O)
文献类型 中文图书
退出(X)
分类号 G354.4
最大号 0
分 組：
新增(N)
修改(M)
删除(D)
退出(X)

图 9-6

9.3.7 注意事项

（1）索书号字段的添加，必须在业务窗口中修改，不能在索书号字段（如CNMARC的905字段）上直接添加索书号，直接添加的索书号将不被系统认可，是无效的，无法查询。

（2）每个子字段前必须输入子字段标识“■”，用键盘上的“\”键。

10 ILAS中的分编流程

ILAS（Intergrated Library Automation System）是文化部于1988年作为国家重点科技项目下达、由深圳图书馆承担并组织开发的图书馆自动化集成系统。ILAS从V1.0-5.0发展到Client/Server模式的ILASⅡ网络版，是同类产品中用户最多的图书馆集成管理系统。

10.1 实验目的及要求

掌握ILAS中分编模块的使用方法，熟悉其业务流程；能在分编模块中标引分类号及给定索书号。

10.2 实验内容

（1）熟悉原始编目步骤。

（2）掌握中文套录和原始编目流程。

10.3 实验操作指导

10.3.1 原始编目步骤

原始编目要在Z39.50客户端上操作。其主要步骤如下：

（1）开始。

（2）登录远程服务器。

（3）打开CALIS联合编目系统客户端查询窗体（输入查询信息，如ISBN、题名、著者等文献信息），见图10-1。

（4）点击查询。系统会提示是否查询到记录，如未查询到记录，则要进行原始编目。

（5）打开cnmarc-BK编目窗体（原始编目模块，见图10-2）。ILAS系统的原始编目模块可以根据编目员的习惯自定义，中图分类号字段为690字段。

（6）依据文献著录相关信息。Z39.50客户端提交的原编数据要严格按照MARC格式著录文献信息，其文献分类标引也要严格遵守CALIS制定的文献分类标引规则。

图 10-1

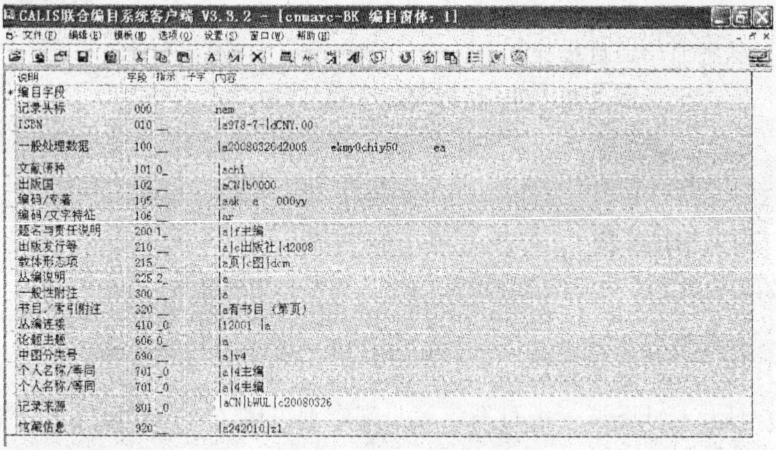

图 10-2　原始编目模块

（7）打开 CALIS 联合编目系统客户端查询窗体进行查重。

（8）提交原始编目数据。

10.3.2　中文套录和原始编目流程

以下以流程图的形式对于中文套录与原始编目以及其中分类和主题标引内容的修改进行说明。

(1) 中文套录和原始编目流程见图10-3。

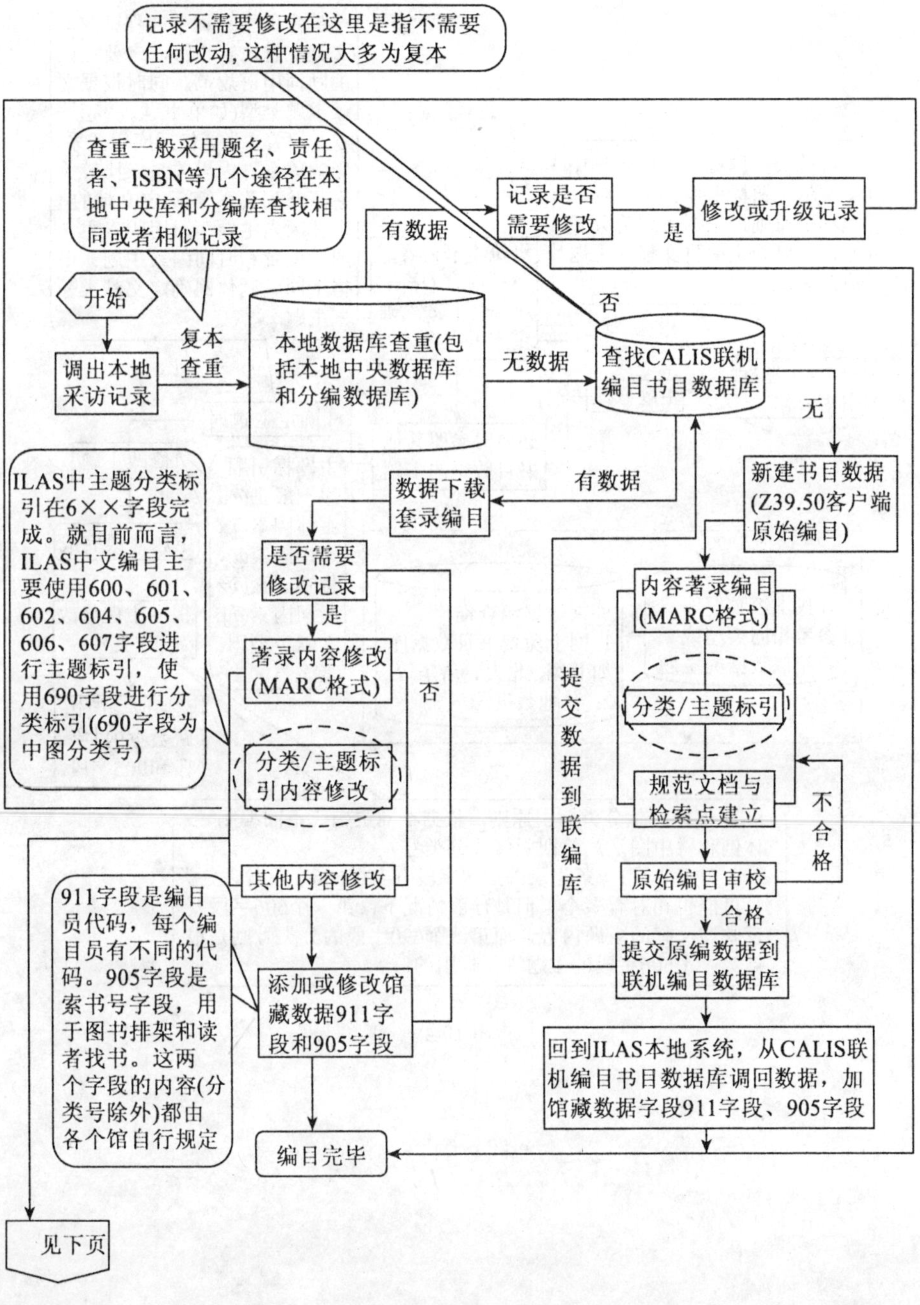

图10-3 编目工作基本流程图

（2）修改分类和主题标引内容流程见图 10-4。

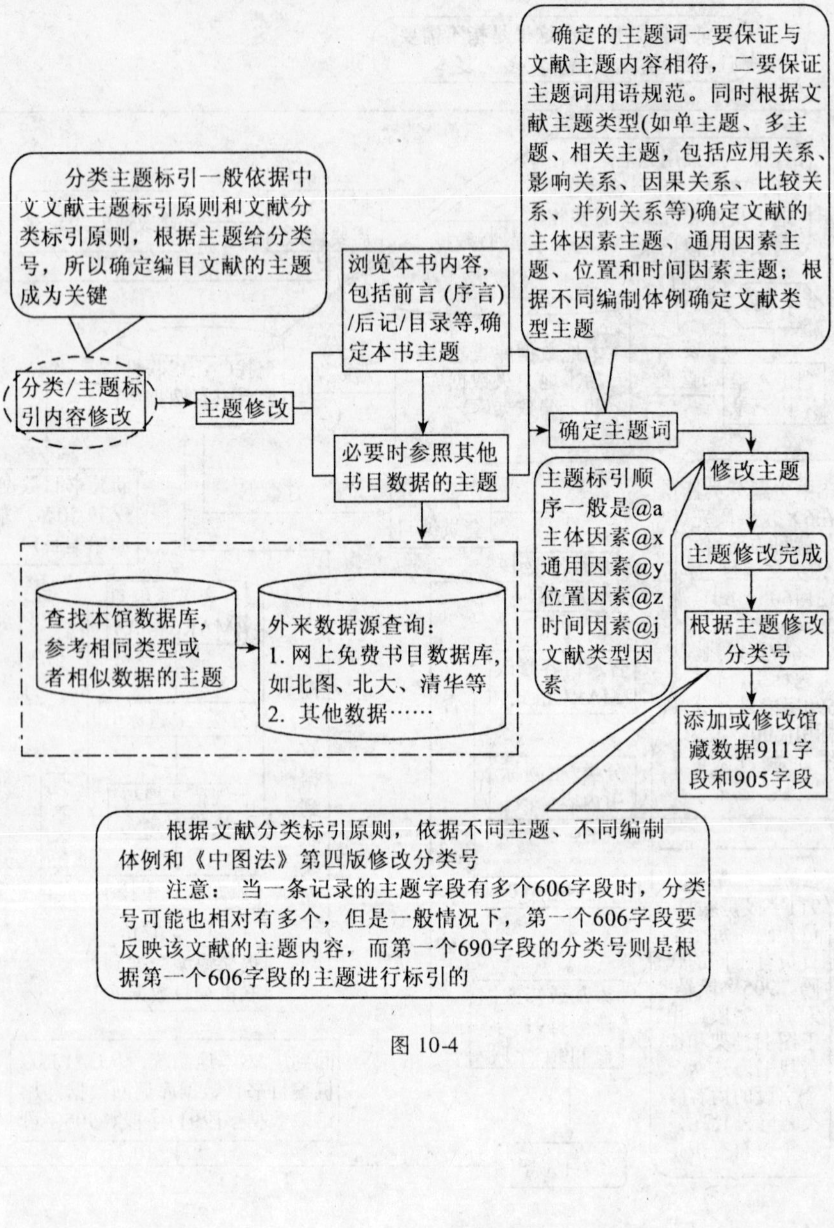

图 10-4

附 录 一

CALIS 文献分类标引原则

0 目的与适用范围

0.1 为了使 CALIS 联合目录各成员馆在进行文献分类标引时有一个共同遵守的准则，以达到分类标引的统一与规范，保证标引质量，提高检索效率，实现资源共享，特制定此原则。

0.2 本原则适用于 CALIS 联合目录各成员馆制作向联合目录提交的文献分类标引数据。文献分类标引依据为《中国图书馆分类法》（第四版），但 CALIS 联合目录不限制各成员馆选用其他分类法标引本馆数据。

0.3 本原则列举实例的分类号均依《中国图书馆分类法》给出。

1 基本原则

1.1 学科属性原则

文献分类标引首先必须以其内容的学科或专业属性为主要标准，只有在不适于以学科属性为区分标准时，才考虑以其他方面的性质（如体裁、地域、时代、语文等）作为分类标准。

例：《集成电路手册》分入 TN4-62；

《钢铁是怎样炼成的》（苏联现代长篇小说）分入 I512.45；

《菜花能否移植》（论述日本俳句对外国诗歌的影响）分入 I106.2，而不能入 S63；

《中国国家书目》分入 Z812.1；

Physics and the sound of music（论述音乐物理学，而非物理声学）分入 J611.1，不能入 O424。

1.2 专指性原则

文献分类标引必须符合专指的要求。也就是说，要将文献分入恰如其分的类，而不能分入范围大于或小于文献实际内容的类目。要区分总论与专论，不要将专论性的文献归入总论类。还要区分是阐述一般原理的，还是阐述具体问题的，不要把研究具体问题的文献归入阐述一般原理的类。

例：《综合业务通讯网》应入 TN915.14，而不入其上位类 TN915.1 数字通讯网，也不入其下位类“TN915.141 窄带综合业务通讯网（N-ISDN）”；

《电视机维修手册》是总论电视机维修的著作，入 TN949.7；

《彩色电视维修手册》是专论彩色电视机维修的著作，入 TN949.12；

《信号处理》是论述信号处理一般原理的著作，入 TN911.7；

《语音信号处理》是论述具体的语音信号处理的著作，入 TN912.3；

Firewalls and Internet security：repelling the wily hacker（论述因特网如何防止黑客侵入）网络安全应入 TP393.08，而不入更泛指的类目 TP309。

1.3　实用性原则

文献分类标引必须使文献尽其用，即要根据读者的需要将文献分入最大用途的类。对于交叉学科、或是内容涉及多个学科的文献，应利用互见分类、分析分类等方法，对重要的分类检索点，予以充分揭示。此时应优选一类号作为主要分类号。

例：《最新汉英旅游词典》根据作者的写作目的与该书的主要服务对象将其归入 F59-61；

《莫泊桑短篇小说选》是法汉对照读物，依“最大用途”分入法汉对照读物 H329.4：I565.44；

《长江流域环境经济发展研究》是“交叉学科”文献，入 F127.5 互见 X196；

《北京鸭》介绍了北京鸭的饲养管理方法、烤制技术及疾病防治等，内容涉及多个学科，入 S834.4 互见 TS972.125.2、S858.3；

General engineering texts 是工程学科内容的英语读物，根据其用途，分入 H319.4：TB。

1.4　系统性原则

文献分类标引必须体现分类法的系统性、等级性和次第性。凡能归入某一类的文献，必带有其上位类的属性。也就是说，凡能归入某一类的文献，一定也能归入其上位类。

例：《神经网络》从人体生理角度论述神经网络原理，入 R338；

《神经网络原理》从科学计算角度论述人工神经网络原理，入 TP183。

1.5　逻辑性原则

文献分类标引必须遵循逻辑划分的原则，而不能违背概念逻辑。

例：《鲸的世界》，鲸属于哺乳动物类，而不是属于鱼类，入 Q959.841，而不应入 Q959.4；

《似鸟非鸟的蝙蝠》，蝙蝠属于哺乳动物类，而不是属于鸟类，入 Q959.833，不应入 Q959.7；

《古钱探秘》，古钱研究属于文物考古类，而不是属于货币史类，入 K875.6，不应入 F822.9。

1.6 一致性原则

文献分类标引必须遵循一致性的原则，即是说要将内容相同的文献集中归入同一个类目，而不要分散于有关各类。对于个别难以确定类属的主题，可以通过讨论，建立分类规范文档，人为地将其集中到某类，以避免馆与馆之间、标引员与标引员之间，甚至同一个标引员在不同的时间里对同类文献给号的不一致性。

例：《老年经济学》入 F069.9，不入 C913.6-05；

《改革学》入 D0，不入 C93-03。

1.7 入“其它”类原则

在分类法中，有些类的子目并非完全列举。未列子目的主题有时设一“其它”类加以概括。因此，当一个文献的主题在分类法中找不到为它专列的相应类号，但可以判断它是某一类目的同位类时，即可分入与其同位的“其它”类，只有在未设“其它”类时，才能分入上位类。所以，入“其它”类优先于入上位类。

例：《智能管理》入 TP399，而不应入 TP39；

《直接饲喂微生物在畜禽生产中的应用》入 S816.79，而不应入 S816.7。

1.8 入上位类、或依论述重点归类原则

论述一个主题的两个及两个以上方面并涉及两个及两个以上类目的文献，以及论述两个或两个以上主题而涉及两个及两个以上类目的文献，能入其上位类的，入其上位类，否则可依其重点归类。对于文献中包含的重要信息或作者强调的内容，虽非重点论述部分，也应以附加分类方式予以揭示。

例：《铅酸蓄电池的设计、制造、使用和修理》入上位类 TM912.1；

《汽车使用、保养与维修》依重点入 U471.2；

《巴金研究资料》含巴金最新传记资料、虽然所占篇幅甚少，入 I206.7 互见 K825.6；

《昌盛之路》重点论述社会主义建设，是一种爱国主义教育学习参考资料，入 D61 互见 D647。

1.9 新学科、新主题文献分类原则

新学科、新主题文献在分类表中没有明确列类时，可先靠入其母学科、或归入其相关的上位类。

例：《2000 年软件危机的挑战与对策》入 TP311.53；

《条形码技术》入 TP391.44。

2 不同主题类型文献分类标引原则

根据文献所论述的主题数量，可以把文献分为单主题文献和多主题文献。

2.1 单主题文献分类标引原则

单主题文献是指一种文献的内容只论述一个中心对象或问题。

2.1.1 简单地只讨论一件事物或一个问题的文献，一般依其内容的学科属性归类。

例：《通信原理》入 TN91；

《计算机网络基本知识》入 TP393；

《中国近代史》入 K25。

2.1.2 分别从不同的学科来研究同一主题的文献，依研究它的学科归类。

例：《烟草栽培生理》入 S572.01；

《烟草政策法规汇编》入 D922.294.9；

《红塔集团跨实际发展战略思考》入 F426.89。

2.1.3 从几门学科来综合论述一个主题的文献，依论述该主题的主要学科归类。

例：《中华国宝》多媒体光盘包括“艺术珍宝”、“古建筑”、“风景名胜”、“珍稀动物”和“珍稀植物”五大部分，主要介绍我国堪称国宝的诸多物品，价值连城的稀世珍宝、历史悠久的宏伟建筑、举世闻名的山水胜迹和当今世界上罕见的珍稀植物。入 K92。

2.2 多主题文献分类标引原则

多主题文献是指文献中同时研究两个或两个以上独立的事物、对象或问题。对于这种文献的分类，必须对各主题进行分析，分清主次，然后依其最能体现该文献内容实质的或在内容中起主导作用的主题归类，必要时对另外的主题作附加分类；如果文献所论及的几个主题具有同等的检索意义，则分别标引。此时可选择篇幅较多者或篇幅居前者的类号作为主要分类号。

例：《胡萝卜良种与栽培》依论述重点入 S631.203.2；

《广播、电视简明技术手册》入 TN94-62 互见 TN93-62；

《猪鸡鹅鸭快速饲养法》入 S83 互见 S828；

《激光在医学和生物学中的应用》入 R312。

2.3 相关关系主题文献分类标引原则

2.3.1 应用关系主题分类原则

论述一种理论、方法、工艺、材料、设备、产品等在某一学科领域中的应用的文献，归入应用到的学科主题方面所属的类目；论述一种理论、方法在多个学科领域中的应用的著作，则归入该理论、方法等主题本身所属的类目。

例:《计算机辅助机械制造》入机械制造 TH16;

《集成电路应用手册》入集成电路 TN4。

2.3.2 影响关系主题分类原则

论述一个主题对另一主题影响的文献，归入被影响的主题所属的类目；论述一个主题对两个或两个以上主题影响的文献，一般归入产生影响的主题本身所属的类目。

例:《月亮太阳的引力对人类生老病死的影响》入 R339.5;

《环境污染与生物》入环境生物学 X17。

2.3.3 因果关系主题分类原则

论述主题之间因果关系的文献，一般分入结果方面的主题所属的类目，如果所造成的结果是多方面的，且能区分出重点主题方面，则分入重点主题所属的类目，否则按原因方面主题所属的类目归类。

例:《现代生活与过敏病》入 R593.1;

《地震对人类和自然界带来的危害》入 P315.9。

2.3.4 从属关系主题分类原则

论述两个或两个以上从属关系的主题，一般依较大较全的主题归类；若确定其小主题为中心主题，则依小主题的学科属性归类。

例:《植物油脂化学与油脂化学》依大主题油脂化学归类入 TQ641;

《农业植物与花卉》一书的论述中心为园艺观赏植物花卉，因此，依小主题花卉归类入 S68。

2.3.5 比较关系主题分类原则

两个或两个以上的主题是比较关系的文献，依著者所要说明的或所赞同的主题所属的类目归类，或归入其上位类。

例:《什么是唯物论 什么是唯心论》入唯物论 B02;

《美国、日本经济发展比较研究》入上位类 F112.2。

2.3.6 并列关系主题分类原则

两个或两个以上的主题是并列关系的文献，根据不同情况，依次按重点的、或篇幅多的、或作者的写作目的、或内容在前的归类，必要时对另外的主题作附加分类。若并列主题超过三个以上，则归入其上位类。无法归入其上位类者，则依作者的论述重点归类。

例:《诊断学与内科学精要》依前一个主题“诊断学”归类，入 R44，后一个主题“内科学”作互见分类，入 R5;

《板栗 核桃 枣 山楂 杏栽培与病虫害防治》入果树园艺 S660.4，互见果树病虫害 S436.6。

3 不同编制体例的文献分类标引原则

3.1 参考工具书（年鉴、词典、百科全书等）

凡专科性内容的工具书按其学科内容属性归类，再依总论复分表中有关工具书的类号复分；凡综合性内容的工具书入综合性图书有关各类。

例：《汉英词典》入 H316；

《文艺小百科》入 I-61；

《世界知识年鉴》入 Z5。

3.2 二次文献（书目、文摘、索引）

书目、文摘、索引，无论是综合性的，还是专科性的，一般均先集中归入 Z8 有关各类，再依所属学科类号加以组配；关于专科性的书目、文摘、索引，如有必要，还可以所属学科类号加总论复分号-7 作为附加分类。

例：《化工文摘》入 Z89：TQ（注：集中标引时）或 TQ-7（注：分散标引时）；

《国外博士学位论文目录》入 Z88：G643.8（注：集中标引时）或 G643.8-7（注：分散标引时）。

3.3 多卷书、丛书

3.3.1 多卷书是一种以多卷、辑、册一次出版或逐次出版的文献。一般以多卷书全书内容的学科属性集中归类。若其分卷、辑、册为全书的一个专题，并有独立题名，应增加分析分类。当多卷书按丛书著录时，则参照丛书的分类方法标引。

例：《中国动物志》入 Q958.52；

《中国机械工业标准汇编 刀具卷 铣刀》入 TH-65；互见 TG714-65。

3.3.2 丛书是一种按一定的主题范围汇集多种单独著作，并具有一个总题名的文献。丛书的分类方法有两种，一是集中分类，二是分散分类。

对于那些一次出齐的、或有明确的编制规划和编制目的的丛书，一般宜集中归类，必要时再以各单册内容的学科属性作分析分类；否则，则依各个单册内容的学科属性归类，必要时再辅以综合分类。

例：《民国丛书》（集中分类）入 Z121.6；

《C 程序设计》（计算机基础教育丛书）（分散分类）入 TP312C；

《常用工具软件的用法》（电脑快速入门丛书）（分散分类）入 TP311.56。

3.4 经缩写、改编或被研究的文献

3.4.1 一种文献经改写、改编之后，其内容改变不大的，均随原文献归类。文艺作品，从一种文体改写成另一种文体，则应按改写后的文体归类。

例：《三国演义》/（明）罗贯中著，入 I242.4；

《三国演义》（改写本）/（明）罗贯中原著；吴庆先改写，入 I242.4；

《红楼梦》（小说）入 I242.4；

《红楼梦》（电影文学）入 I235.1；

《红楼梦》（电视文学）入 I235.2。

3.4.2 对于一种文献的研究（包括注释、考证、评论、杂记等）一般均随原文献归类，除非分类法另有规定。

例：《本草纲目》入 R281.3；

《本草纲目通释》入 R281.3；

《本草纲目：白话全译》入 R281.3。

3.5 特种文献，包括专利文献、标准文献、科技报告、学位论文、会议文献、产品资料等，均按其学科内容分入有关各类，并依总论复分表分。

3.6 非书资料（包括计算机文档）的分类标引与普通图书基本相同。

4 文献分类标引工作程序

4.1 内容分析

通过分析题名（包括书名、刊名、篇名），浏览目次、文内标题、图表、数据、实例、参考文献目录甚至涉猎全文，了解该文献所研究的学科或专业内容以及作者的写作目的、读者对象等。对于论题生疏，难于把握学科、专业内容的，要通过查阅工具书或请教专家来解决。

4.2 确定主题

根据内容分析结果，确定最能体现该文献本质属性的主题，以及应该予以揭示的该文献的次要属性主题。

4.3 归类

根据文献内容的学科属性，查阅《中国图书馆分类法》，确定相应的主要分类号，以及附加分类号或分析分类号。并将其赋予文献，作为分类检索标识。

4.4 审核

复核文献的分类检索标识是否正确，以保证文献分类标引质量。内容包括：文献主题分析的正确性、充分性，给号的准确性以及号码组合的合理性。

必须强调的是：在文献分类标引过程中，重在把握两个关键。一是对文献主题的全面分析与准确提炼；二是对分类法的结构体系、各具体类的类目设置及其使用规则的了解、熟悉与掌握。

附 录 二

《通用汉语著者号码表》的常用使用规则

（1）一字著者，如果该字在表中只有一个号码，就取该号码；如果在表中有多个号码，则取分配给该字的第一个号码。例如：

芦 L798

劳 L059

（2）二字著者，如果其第一字在表中只有一个号码，就取该号码；如果在表中有多个号码，则依其第二字首字母或整个音节决定取哪一区段的号码；如果某一区段配有不只一个号码（圈号中的数字是配给该区段的号码个数），则依据第二字的尾字母以及该区段所占的号码数，从著者复分表中单名栏查出其序号与该区段号码相加，即为其实际的著者号。当第二字没有尾字母（即该字的拼音只有一个字母）时，则以该字字母下的第一个号码定为著者号。例如：

王梅 W273

蔡锷 C020

（3）三字著者，如果其第一字在表中只有一个号码，就取该号码；如果在表中有多个号码，则依其第二字首字母或整个音节决定取哪一区段的号码；如果某一区段配有不只一个号码，则依据第三字的首字母以及该区段所占的号码数，从著者复分表中双名栏查出其序号与该区段号码相加，即为其实际的著者号。例如：

卓天寅 Z938

（4）四字以上著者依其前三字仿照（3）取号。例如：

漳县科技局 Z274

克鲁普斯卡娅 K664

同济医科大学图书馆 T818

（5）一个著者有不同名称的，应依本馆选用的统一名称取号。

（6）多著者的图书，依第一著者取号。

（7）无责任者项的图书，依题名取号。

（8）外国著者依中译名取号。如译名有分歧，依首先编目入藏的著作上的译名或本馆选用的统一译名取号；没有译名的，根据译名表译成中文再取号。

（9）多卷书如无主编者，其分卷著者又不同时，依第一卷或首先编目入藏的一卷的著者取号。

（10）著者名称（主要是团体著者名称）中的外文字母一律省略，只以著者名称中的汉字作为取号的依据。阿拉伯数字、罗马数字，一律按单个数字的汉字读音取号。例如：

《X 射线手册》编写组　S358

R2323 研究组　E100

（11）机关团体著者在表中已列有专号者一律取专号，无专号者按名称前三字仿照（3）取号。例如：

上海交通大学　S215（有专号）

上海化工学院　S210（无专号）

（12）凡一机构配有不只一个专号的，以该机构所属单位（图书具体编写单位）的名称首字母为依据取号。例如：

中国科学院文献情报中心　Z589

（13）冠以地区名的机构名称，若该地区有专号并配有不只一个号码的，依地区名后的汉字作为依据取号。例如：

北京市教育局　B528

上海市轻工业局　S261

（14）中国共产党按“中共”取号，中国人民解放军按“解放军”取号；冠以“中华人民共和国”字样的机构，一律省略“中华人民共和国”字样，按其后的汉字取号。例如：

中国共产党中央委员会　Z542

中国人民解放军总参谋部　J733

（15）表中没有给予专号的复姓著者，依其姓名前三字取号。例如：

诸葛行仁　Z905（有专号）

冯陈祖怡　F439（无专号）

（16）人物传记依被传人取号。例如：

《爱因斯坦传》　书次号为 A473

《李时珍传》　书次号为 L269

（17）在《中图法》类目下有书次号编号规定的，依规定取号。例如：

恩格斯：《自然辩证法》　书次号为 8300

毛泽东：《实践论》　书次号为 3707

（18）著者名称首字用字如遇该表未收，依下列方法增补：（a）如该汉字在表中相应音节、声调下面有空号时，可启用空号；（b）如该汉字在表中有相应音节、声调但下面没有空号时，则将该字加入该音节、声调的最后一号，然后附加增字序号（“91”、“92”…“98”等）区别；（c）如该汉字在表中没有相应音节、声调，则可将该字加入前一音节、声调的最后一号，然后附加增字序号，序号给号方法与（b）相同；（d）如果该汉字应加在所列出的音节的最前面，则可用该汉字的拼音首字母加“000”为作著者号码。例如：

啊　A251

揽　L049.91

烙　L073.91

擦　C000

(19) 著者复分表使用说明。该表适用于分配有多个号码的汉字的定号。表左边的②③⑤⑩为正表中所标注的分段号（相当于该段占有的号码个数）；上、下边的0~9数字是复分号。双名栏适用于双名著者依名字第二字的首字母取复分号，单名栏适用于单名著者依名字的尾字母取复分号。

附 录 三

文献分类标引流程图

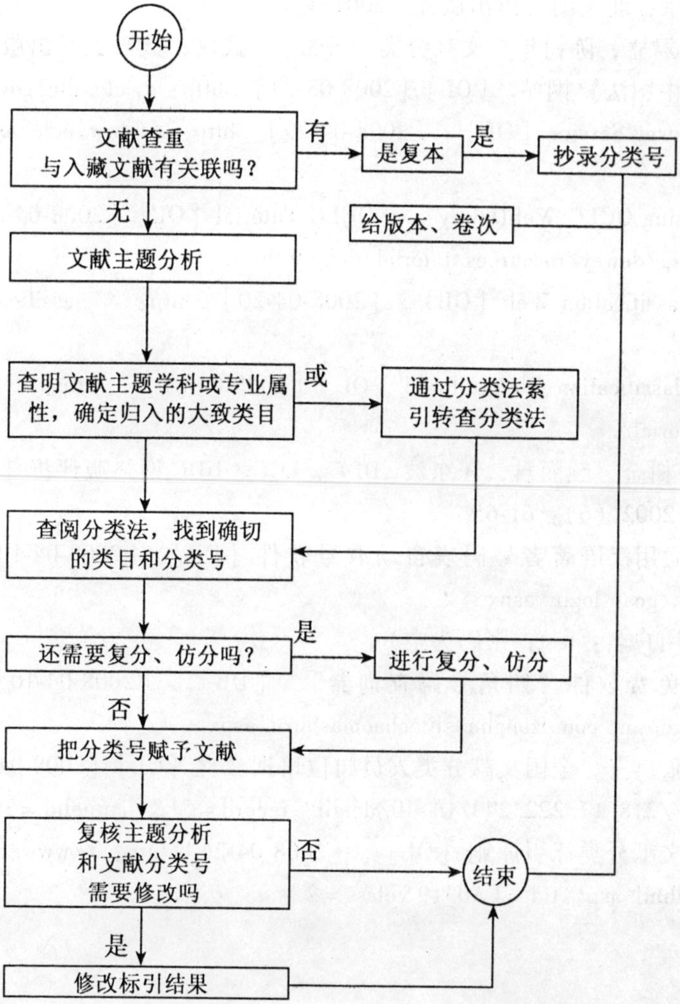

主要参考文献

[1] 中国图书馆分类法编辑委员会．中国图书馆分类法（第4版）［M］．北京：北京图书馆出版社，1999.

[2] 中国图书馆分类法编辑委员会．中国图书馆分类法（第4版）电子版［CD］．北京：北京图书馆出版社，2001.

[3] 俞君立，陈树年．文献分类学［M］．武汉：武汉大学出版社，2001.

[4]《中图法》网站．［OL］［2008-03-24］．http：//clc. nlc. gov. cn/.

[5] Dewey Service［OL］．［2008-04-29］．http：//www. oclc. org/dewey/default. htm.

[6] Using OCLC WebDewey：An OCLC Tutorial［OL］［2008-04-29］http：//www. oclc. org/dewey/resources/tutorial/default. htm.

[7] Classification Web［OL］．［2008-04-20］．http：//classificationweb. net/Menu/.

[8] Classification Web tutorial［OL］［2008-04-01］．http：//classificationweb. net/tutorial/.

[9] 曹树金，颜丽君，汪东波．DDC、LCC、UDC网络版评析［J］．中国图书馆学报，2002（6）：61-65.

[10] 通用汉语著者号码表自动取号软件［DB］［2008-04-10］．http：//dp2003. com/gcat/login. aspx.

（其中用户名：test；密码为空）

[11] 免费软件“四角号码查询器”［DB］．［2008-04-10］．http：//www. zhongguosou. com/zonghe/sijiaohaomashuru. aspx.

[12] 张琪玉．全国文献分类人员岗位培训教材［OL］［2008-04-08］．http：//218. 17. 222. 243/was40/detail？record = 51&channelid = 30673.

[13] 文献分类标引原则［OL］．［2008-04-26］http：//www. calis. edu. cn/calis/lhml/lhml. asp？fid = FA0319&class = 2.